डायरी

बंजारे की चिट्ठियाँ

बंजारे की चिट्ठियाँ

सुमेर सिंह राठौड़

सार्थक
राजकमल प्रकाशन का उपक्रम

ISBN : 978-93-92757-34-1

मूल्य : ₹299

पहला संस्करण : 2023
दूसरा संस्करण : 2026

राजकमल प्रकाशन का उपक्रम
सार्थक

प्रकाशक
राजकमल प्रकाशन प्रा. लि.
1-बी, नेताजी सुभाष मार्ग, दरियागंज
नई दिल्ली-110 002

शाखाएँ
अशोक राजपथ, साइंस कॉलेज के सामने, पटना-800 006
पहली मंजिल, दरबारी बिल्डिंग, महात्मा गांधी मार्ग, प्रयागराज-211 001
1, अनमोल सोराबजी सन्तुक लेन, धोबी तलाव, मरीन लाइंस, मुम्बई-400 002
वेबसाइट : www.rajkamalprakashan.com
ई-मेल : info@rajkamalprakashan.com

मुद्रक
यश प्रिंटोग्राफिक्स
नोएडा-201 301 (उत्तर प्रदेश)

BANJARE KI CHITTHIYAAN
Diary by Sumer Singh Rathore

उनके लिए
जिनके होने से
'होना' बचा हुआ है...

चिट्ठियाँ जो ख़ुद को भेजनी थीं...

जीवन के पच्चीस बरस पूरे हो जाने पर एक दिन बंजारे को अचानक महसूस हुआ कि उसे अब करना चाहिए अपने बीते हुए जीवन का लेखा-जोखा। सारी दुनिया को पीछे छोड़ कोसों दूर एक तालाब किनारे बैठकर उसने जीवन का रिवाइंड बटन दबा दिया। अपने झोले में से उपहार में पाई एक मुड़ी-तुड़ी कोरी डायरी निकालकर लिखना शुरू किया बीत चुके जीवन को। पहले पन्ने पर जीवन के बीच के दिनों की एक याद लिखी।

लिखा—बंजारे ने उस दिन मसान से निकलते हुए लोगों को देखा। उनकी देखादेखी कैर की सूखी टहनियाँ पीछे की ओर फेंक दीं और हरे पत्ते आगे की ओर। कुएँ के पानी से बंजारे ने धो दिया अपना मसाणिया वैराग।

बंजारे को बचपन का एक छोटा-सा हिस्सा जो हमेशा याद आता है कि उसके लम्बी-लम्बी चोटियाँ हुआ करती थीं। अंग्रेज़ सर्द दिनों में सफ़ेद एम्बेसेडर कारों में घूमने आते थे। उसे रातों में डरावने सपने आते थे कि ऐसी ही किसी बड़ी-सी सफ़ेद कार की डिक्की

में डालकर उसका अपहरण कर लिया गया है। इन सपनों से उसे समझ आया कि अंग्रेज़ सच में लुटेरे थे।

बंजारा जब सात बरस का था तब उसने दोस्तों के साथ मिलकर बनाईं घास-फूस की झोंपड़ियाँ। अगले दिन जब वह उस जगह गया तो उसने देखा कि वहाँ सिर्फ़ राख बची हुई थी। सालों बाद इस बात को याद करके उसे समझ आया कि वह हमेशा से दूसरों को जला देने वाले लोगों के बीच ही रहा है।

बंजारे ने पहली आत्महत्या सही, जब वह दस साल का था। वह सोचता रहा कि आत्महत्या क्या होती है और क्यों होती है। बंजारे ने दूसरी आत्महत्या सही, जब वह तेरह साल का था। तब तक वह जान चुका था आत्महत्याओं के होने को। उस दिन-भर दोपहर वह पेड़ की छाया में कसी हुई मुट्ठी पर उभरी अपनी नसों को सहलाता रहा।

बंजारे को तेरह साल की उम्र में पहली बार किसी ने दी माँ की गाली। वह चलती हुई बस की छत पर खड़े होकर हवलदार के लिए ज़ोर-ज़ोर से चिल्लाना चाहता था, ठीक वही गाली। बंजारे को बीस साल की उम्र में पहली बार किसी ने कहा, चूतिया। वह कॉलेज के डॉम में खड़े होकर चिल्लाना चाहता था, वाइस प्रिंसिपल चूतिया। बंजारे को चौबीस बरस की उम्र में पहली बार किसी ने कहा, भोसड़ीवाला। उस दिन वह भरे न्यूज़रूम में अपने एडिटर को कहना चाहता था वह सब गालियाँ जो अब तक अपने लिए

सुन रखी थीं। जो मिला था, वह लौटाने की अकुलाहट भीतर भर चुकी थी...

बारह साल की उम्र से बंजारे को लगता था कि उसे बन जाना चाहिए एक भोपा। सुन रखा था, भोपे के पास जादू होता है, मोरपंख फेरकर पथरी का इलाज कर देने का, हाथ फेरकर बिच्छू का ज़हर उतारने का। सब लोग छूते हैं भोपे के पाँव। उसकी दरी पर हमेशा रखे रहते हैं फल व प्रसाद। भोपा होना बंजारे को इसलिए भी पसन्द था कि भोपे और भी बहुत कुछ हो सकते थे, जैसे—दुकानदार, मास्टर, पोस्टमैन।

पच्चीस साल का होते-होते बंजारे को पहले धोखे का स्वाद मिला। उन्हीं दिनों उसने क़रीब से लगातार छल-कपट, ओछेपन और 'राजनीति' के नमूने देखे। पहली बार उसे 'इस्तेमाल होना' महसूस हुआ। उन दिनों में बंजारे का भरोसा उठ गया किसी को भी अपना दुख कहने से। वह दिल्ली के एक मेट्रो स्टेशन पर खड़े होकर चिल्लाया—'पहले दुख आया, फिर सुख; और सबसे अन्त में आई अक़्ल।'

पिछले दिनों बंजारा फिर एक अन्तिम यात्रा में शामिल हुआ। लोग बोल रहे थे, बल्कि पीढ़ियों से सुनी बात को बस दुहरा रहे थे, दुहराने भर को—'राम नाम सत्त है, सत्त बोलो गत है।' वह बुदबुदाया—'जय श्री राम ही सत्य है, नहीं बोलोगे तो लोग गति लगा देंगे।' आगे चल रहा एक बूढ़ा आदमी बार-बार पलटकर देखता रहा। लेकिन बिना कुछ कहे आगे चलता रहा। लौटती

बेर बंजारे ने मसान की ओर देखा। हरे पत्ते और कैर की सूखी टहनियाँ—दोनों ही मसान की ओर फेंक दीं। तालाब पर पाँव कीचड़ में धँसा दिये और ख़ूब पानी पीया। इस बार मसाणिया वैराग को कन्धे पर लादकर लौट आया है बंजारा, वापिस अपनी दुनिया में।

अब तक जो पहली बार हुआ, उसके गणित के अनुसार बंजारे को लग रहा है कि जीने की गति ऐसी ही है और अभी कई सारे 'पहली बार' होने बाक़ी हैं।

*

चुप्पियों के कितने सारे डर थे, जिनसे लड़ने के लिए ये चिट्ठियाँ लिखी गईं। लोगों के लिए नहीं, अपने ही लिए खुली चिट्ठी। डायरी कहते हैं जिसे। बिना लिफ़ाफ़ों और बिन पते वाली 'आत्म' को लिखी चिट्ठियाँ डायरी बन जाती हैं शायद...

डर—पुराने-नए, छुपे-ज़ाहिर, सारे डर चिट्ठियों के किताब बनने के रास्ते में मेरे सिर पर सवार हो गए थे। यह किताब 'किताब' सोचकर नहीं लिखी गई। बस, यह लिखी जा रही थी। पन्ने लिखे जा रहे थे। उनके लिखे जाने और अब छपने के बीच की दुनिया का हिसाब कर रहा हूँ तो कितने सारे चेहरे आँखों के आगे घूम रहे हैं। मुझे किताबों, तस्वीरों, फ़िल्मों की इस नई दुनिया में रास्ता दिखाने वाले कितने सारे लोग थे जो अब ग़ायब हो गए हैं। कितने सारे सपने थे जो सच हो गए, लेकिन अपनी क़ीमत लेकर।

एक दोस्त ने कहा कि अब तुम्हारी नई दुनिया शुरू हो रही है। चौथा दशक ज़िम्मेदारियों और समझदारियों का दशक है। भावुकताओं और बीते को बिसारने का दशक। झिझकों से लड़ने का दशक।

हम इस शताब्दी में पहली पीढ़ी हैं। जीवन के दो दशक ख़त्म होने के बाद इसमें दाख़िल हुए हैं। हमारे पास न चम्मच हैं, न झोले। इस दुनिया में बचे रहने के लिए रोज़ लड़ना है; ख़ुद से भी, दुनिया से भी। वरना ख़ारिज हो जाएँगे ज़माने से...

ऊपरी तौर पर देखें तो ज़माने में कितना प्यार है, लगाव की कितनी ही बातें हैं...ठहरकर हवाओं को महसूस करें तो कितनी चुप्पियाँ हैं, कितनी दूरियाँ हैं! इसी के बीच खड़ा होना समय है। अपना समय...

चिट्ठियाँ जो ख़ुद को भेजनी थीं, अपने डरों से लड़ने की कोशिश में, 'बंजारे की चिट्ठियाँ' बन गईं। यह दुनिया से न कही जा सकी बातों की लिखी हुई डायरी है। अब समय के हवाले...

ऐसे क्षण में दिल कह रहा है, सबको ख़ूब सारी मुस्कराहटें मिलें...

—सुमेर

जैसलमेर
12 फ़रवरी, 2023

सारे रंगों पर चमकता था धूसर रंग। मौसमों के साथ ख़ूब सारे रंग जुड़ते और घट जाते, लेकिन धूसर रंग के गीत हमेशा बजते रहे।

रेगिस्तान का होना रेत-राग है और उसका होना सुकून।

सुकून का होना ख़ुद का होना है...

बंजारे सच में मर गए थे? मर ही तो गए थे। ज़िन्दा सिर्फ़ कहानियाँ थीं, जिन्हें सुनाते हुए रुँध जाता था उनका गला। उनके ऊँट बड़े-बड़े पंखों की हवा में उड़ गए थे। उनकी भेड़-बकरियों को चर गई थीं मंज़िलों ऊँची इमारतें। उन्हें तो आदत ही नहीं थी ऐसे ज़िन्दा रहने की। वे जागते थे तो क्षितिज तक नीले रंग की हवा दिखती थी। और उस हवा के बीच से निकल रहा होता था सुनहरा सूरज। चिड़ियाँ पेड़ों की नई टहनियों को छेड़कर गाती थीं स्वागत गीत। रेत के बीच, छोटी-सी पहाड़ी पर चरते गायों के झुंड से ला रहे होते थे छोटे बच्चे, बछड़ों को पकड़कर। दोपहरों को माँएँ ठंडी छाँव में चौकी पर गूँथ रही होती थीं माथा और उसी दौरान कह दी जाती थीं जाने कितनी कहानियाँ। शाम को लौटती गायों के खुरों से जो धूल सनी महक उठती थी, लगता जैसे सारे गाँव में छिड़क दिया हो इत्र। शाम के सुनहरे रंग में सब कर रहे होते गीत गाकर सूरज को अलविदा। और फिर रात को चाँद सुनाता कहानियाँ जब तक कि दोपहरों में बुनी गई रालियों में ऊँघ नहीं जाते बच्चे।

और फिर एक दिन ये सब था ही नहीं, जैसे बंजारे कोई सपना देख रहे थे और टूटा तो ऐसा कि वे ख़ुद बिखर गए। वे बस होने को थे। अपनी साँसों को किसी और में अटकाए हुए। जब तक वे डोर के आसपास होते मुस्कराते रहते और डोर खिंचती तो दम घुटने लगता उनका...

कहो कि ज़िन्दा होंगे फिर से बंजारे और गूँजेगा अलगोजा...फिर किसी डेरे से शाम के रंगों में घोलता हुआ मदहोशी...

अचानक से बादल काले हो गए। हवा रुक गई। पत्तों का शोर बन्द हो गया। उत्तर से पीला गुबार दिखने लगा। बवंडर आने वाला था। पंछी चिल्लाने लगे बरगद पर। बवंडर के साथ-साथ आई थी तेज़ बारिश। पेड़ पर रहने वाली सफ़ेद गालों वाली बुलबुल गाने लगी, बूँदों के साथ जुगलबन्दी करके। बरगद झूमने लगा। पत्ते झरने लगे। सब कुछ हरा-हरा था। और फिर एक दिन बुलबुल खो गई। मौसम बदल गया। पत्ते झड़ गए। गर्म हवा झुलसाने लगी। जाने कब फिर बदलेगा मौसम! खोने वाले कभी तो लौट आते होंगे?

बंजारे उतरते हैं किसी सूखे कुएँ में, उसके अन्दर से जल निकालने। पता है, सूखे कुएँ में भी पानी होता है। बस, उस पर चढ़ जाती है रेत की परत। ज्यों ही थोड़ा-सा रेत को टटोलते हैं, उसमें से फूट जाता है मीठा पानी। ऐसे ही टटोलते-टटोलते ख़ुद को हम न जाने किसकी आँखों में बसने लगते हैं, ख़ुद ही नहीं जान पाते...

दिन पड़े नहीं रहते थे। आते और जाते मौसमों की ओढ़नी थामे मुँह में दबाए रहते थे अँगूठा। जब बरगद हँसता तो रेत पुकार लेती हवा को और दोनों मिलकर झकझोर देते बरगद को, सारे पत्तों के गिर जाने तक। जब बरगद उदास होता तो रेत पुकार लेती बारिश को और बरगद को भिंगोकर ओढ़ा देती प्यार के रंगों से भरे नए पत्ते। ऐसे ही दिन दौड़ते रहते और रेत खेलती रहती...

चौकोर दीवार भरी रहती है रोशनियों से। जैसे हौले-हौले किसी ने अँगुलियाँ माँड दी हों...और अन्त में छाप दी पूरी हथेली...और उभरकर सारे रंग चमकने लगे हों...दीवार के कोने में खड़ा संतरी रखवाली कर रहा हो जैसे रोशनियों की...खड़ा-खड़ा बजाता हो नित नए साज़ जैसे...और झेलता जाता हर मौसम...देखो, कैसे मुस्करा रहा है आँधी के थपेड़ों में टपकते पीले पत्तों को दूर होते और हरे पत्तों को झूमते देखकर...

बैशाख के सूने होते दिन। सुबह के दस बजे से धूप तपकर झुलसाने लगती है। एक बड़ा-सा पुराना हॉल, जिसे कोटड़ी कहा जाता है, उसमें गाँव के सारे लोग इकट्ठा हैं। एक कोने में चद्दर के चारों कोनों में अनाज के छोटे-छोटे ढेर किए हुए हैं। उनके ऊपर प्याज रखे हैं और बीच में पानी का लोटा भरकर रखा हुआ है, जिससे टिकाकर रखा है एक आईना। लोगों के चारों तरफ थालियाँ सजी हुई हैं, खीच से भरी इन थालियों पर घी चमक रहा है। पतली-पतली रोटियाँ रखी हैं, जिन्हें यहाँ की बोली में फाफरिया कहा जाता है। रोटियों के ऊपर ख़ूब शक्कर डाली गई है। बड़े बर्तन रखे हैं गुळराब से भरे हुए। रंगीन पगड़ियाँ पहने लोग एक-दूसरे को मनुहार कर रहे हैं। बंजारों के देस का ही कोई त्योहार होगा ये जिसे आखातीज कहा जाता है। हाथ के हळियों की तरह ही इस देस से पहले बंजारे ग़ायब हुए फिर उनके त्योहार।

रेत उड़ती है, सबकुछ धुँधला करते हुए। बारिश बरसते ही हो जाता है सब साफ़-साफ़। हर चीज़ झाँकती-सी लगती है। हवा में घुली बूँदें छत पर हौले-हौले गिरती गुदगुदी करती हैं। यार, ये बूँदें कितनी देर लगाती हैं आते-आते ज़बान पर। बूँदें छूती हैं तो बछड़े दोनों टाँगें साथ उठाकर उछलते हैं, दौड़ते-भागते हैं। चरवाहा हाथ को छज्जा बनाकर, छाँह करके, दूर बादलों के कूंट की ओर झाँकता है। बच्चा छत की दीवार पर बैठकर इन्तज़ार करता है, ख़ूब बरसे मेह तो वह बोरी के कोने को अन्दर खींचकर छाता बनाएगा और दौड़ेगा गलियों में। बारिश की फुहारों में भीगते घरों से निकल आए बच्चे टीले पर गीली रेत में पाँव घुसाकर पूरा गाँव बनाएँगे, अपना; ख़ुद का, मिट्टी का गाँव। बनते घरों पर गिरती बूँदें माँडती जाएँगी चित्र। मिट्टी के गाँव के कोने में होगा एक मन्दिर जिसकी दीवार पर चढ़ेंगे लड्डू। मिट्टी के लड्डू जो अन्त में एक-दूसरे के ऊपर फोड़ने के काम आएँगे। जब रुक जाएगी बारिश तो हो जाएँगे खड़े किसी पेड़ के नीचे। और कोई करके शैतानी हिला देगा डाली को। पत्तों पर तैरती ख़ुद को छिपाती बूँदें बहकर भिगो

देंगी सबको और हँसने लगेगा सबको इधर-उधर होते देख शैतान बच्चा।

और फिर गुदगुदी करती बूँदों घुली हवा में झूलते-भागते हुए गाएँगे सब—

मेह बाबा आ जा
घी बाटी खा जा

रास्ते लम्बे होते हैं...दूर तक ऐसे जैसे फिसलन-भरी पहाड़ी ढलान पर उतर रहे हों। रास्तों में पेड़ होते हैं बहुत सारे और कोई पेड़ होता है घनी छाँव वाला। लोग थककर बैठ जाते हैं और पाते हैं सुकून। उस पेड़ को धरती से दूर कहीं गमले में ले जाएँ तो वह ठूँठ हो जाता है—बोनसाई; अपनी जगह पर रहता है तो घनी छाँव वाला पेड़। जब कोई थककर चूर होता है तो उस छाँव में होता है। चुपचाप। एकदम शान्त। बस, पेड़ पर गा रहे होते हैं पंछी लोरी; जिनसे नींद को मिलती हैं थपकियाँ...

बंजारे ने कहा—सुनो रास्तो, हर मुसाफ़िर को देना ऐसे घने पेड़...ताकि वह पा सके थकान में सुकून...

तीन किलोमीटर तक सीधी पगडंडी थी, जिसके दोनों तरफ़ रेत के धोरे थे। सूखे खींप, बुई, आकों की तड़ियाँ और छोटे बेरों की बोरड़ियाँ अपनी ओट में रेत को रोक लेती थीं। इसी रास्ते से हर शाम गुज़रते थे बंजारे अपनी खोई हुई बकरियाँ ढूँढ़ते हुए। सिंज्या सारने और मिनी मारो छोड़ने के बाद का वक़्त होता था जब वे धूल से भरे कपड़े झटकते निकलते थे गवाड़ियों की ओर। सूखी सांगरियाँ, फुलके, छाछ और आटे की खीर। आटे की खीर में जाने क्या था कि बंजारे जान छिड़कते थे। ख़त्म नहीं हो जाती, तब तक थाली में फिराते रहते थे अँगुलियाँ। खेजड़ी के पास बनी झोंपड़ी में धोरे की ओट के कारण धूल नहीं आती थी। हवा के टकराने का शोर आता रहता। इधर-उधर भागती बकरियों-घेटियों की चिल्लाहट में घुलता जाता हवा का शोर। बीच-बीच में कोई हवा का थपेड़ा घिरोळा बनकर झोंपड़ी के पास से गुज़रता तो चिलम के लिए जलते खीरों में से चिंगारियाँ उड़ते हुए आसमान में खो जातीं।

दिनों के दुखों की बातें करते हुए सुखों की चाह में,

तेज़ होती आँधी और ढलती रात से लिपटते हुए ऊँघने लगते बंजारे। जाने क्या सोचकर आधी रात में जाग जाता कोई जिनावर और गले में बँधी घंटी की आवाज़ हवा के शोर में घुलने लगती।

वह देखो, चमकता तारा कहानियाँ बुन रहा है रोशनी की। वह देखो, उसे टूटते हुए देखकर दीवार पर बैठा गाने सुनता कोई माँग रहा कुछ।

तारा तो टूट गया...अब रोशनी की कहानियाँ?

वे दोपहर के उजाले से बातें करने गई होंगी।

देखो न, छोटी पहाड़ी पर वह जो कच्चा रास्ता जा रहा है, जहाँ वह ख़त्म होता है न, वहीं एक छोटा-सा बग़ीचा है जिसके कोने में है छोटा तालाब। उसी के किनारे रोशनी से बचने को बेर की छाँव में कैसे किताब में मुँह छिपाए सोया है वह बंजारा, जिसने टूटते तारे से माँगा था कुछ।

वह तो नाचते मोर को देख रहा किताब की छाँव में!

तो फिर तारे ने कहानियाँ क्यों बुनी थीं? तारे ने कहाँ कहानियाँ बुनीं? वह तो चमक रहा है, वह देखो।

तारा तो टूट गया था न?

नहीं, टूटा कहाँ! चमक रहा। वह देखो...

आते और गुज़र जाते हुए रंग घोलती हैं सुबहें। किसी की चुप्पियों, किसी के टालने और किसी के भूल जाने के रंगों को छिपा देती हैं सुबहें। मुस्कराते हुए जगाते हैं बादलों के फाहे, बरगद पर से गुज़रते हुए। उससे कहते हुए चले जाते हैं कि जो डोर हाथ में है रेत के, उसे वे टूटने से बचा लेंगे। बरगद, बादल, नदी, पानी, खेत, हवा, रास्ते—सब जाने क्यों बचाने में लगे हैं एक टूटती हुई डोर।

लिपट आती हैं बेलें दीवारों से। गाती हैं गीत कि बारिश ने समझ लिया रेगिस्तान के सूखने को। सूखा खिंचता है हरे की ओर...और अपने में लपेटता हुआ उसे हरा करता जाता है। जबकि उसने कहा था, वह सोचता है कि जिस दिन रेगिस्तान से उसका प्यार ग़लत साबित हो जाएगा, उस दिन उसकी सच्चाई के सारे माले ध्वस्त हो जाएँगे।

और सब मालों के नीचे दबी कराह रही होगी उसकी आत्मा...

कहा था बस, सुना नहीं था। ऐसा होता कि सोचना बन्द हो जाता। फिर तो कुछ भी नहीं होना होता। तालाब के पानी की लहरें दीवारों पर चढ़कर उतर आती हैं, दीवारें फिर भी हँसती नहीं हैं। पगडंडियों के किनारे साँप फिरते हैं, रास्ता देते हुए। खींपों में जिनावर बोलते हैं, पैरों की आवाज़ सुनकर जगह छोड़ते हुए। विदा लेते हुए सूरज जीवन हो जाता है। रंग दूध की तरह उफनते जाते हैं। हवा के गीतों के साथ रात छत पर इन्तज़ार कर रही है, थपकी देकर सुलाने को। बाड़ के किनारे काँटों के बीच से अपनी आँखें चमकाते झाऊ चूहा हौले-हौले जा रहा है, रेत पर पैर मँड़ते जाते हैं चित्रों जैसे। सब-कुछ ऐसे होता है जैसे हो रहा है।

क्या सोचना बन्द हो सकता है?

कल तीज है। झूले मँडेंगे। हरे और नीले के बीच साँसों के उड़ने के झूले।

चमकीली फर्रियों के बीच बादलों में चाँद लुका-छिपी कर रहा है। सावन ख़त्म हो गया। रक्षाबन्धन चला गया। आज तीज भी चली गई। जाने क्यों हींड पूरे साल इन्तज़ार करवाती है। घर आए बच्चे दूर शहरों में पढ़ने को लौट गए भारी मन से। लड़कियाँ ससुराल लौट जाएँगी।

लौटना कितना उदासी भरा होता है...कितना ख़ाली-ख़ाली लगता है...बचे रह जाते हैं तो दीवारों से टकराकर कानों में घुलते विदाई गीत...'माता मांझी अरणकी रे आछियोड़ा फूल...'

बंजारे हदों तक अन्धविश्वासों में जीते थे, नास्तिक होते हुए भी। पत्थर की मूर्तियों को देखते थे बेमन से और टूटते हुए तारे देखकर माँगते थे प्रेमिकाओं के लिए दुआ।

सूरज के डूबने से लेकर चाँद के उगने तक खड़े रहते थे। जैसे व्रत कर रहे हों! दरअसल, खड़े रहने से ज़्यादा उन्हें प्रेम था चाँद के उगने का। इन्तज़ार करने में और चूल्हे में फूँकनी से फूँक मारने में। वे बस जीने को तकते थे। उन्हें न तो अगोत्तर सुधारने थे, न ही वे पिछले जनम के ओढ़ने ओढ़े घूमते थे। बस शामें थीं, सुबहें थीं और सुबहों में उतरते मरने के सपने थे।

उन्होंने शाम की ख़बरों में सुना था कि मर गया बचपन। वे चुप रहे और अन्दर ही अन्दर मर गए। उन्हें मालूम था कि सरकारें हत्यारी हैं और उन्हें चुनने वाले अपने दिमाग़ों की चाबियाँ फिर भी दे चुके थे उन्हीं के हाथों में।

मरी हुई आत्माओं के बीच जाने किन उम्मीदों में

पगडंडियों के किनारे पेड़ों और जिनावरों को देखते
हुए हँसते जाते थे बंजारे...

शामें सब कुछ बहा ले जाती थीं फिर से ठिकानों की ओर। बंजारे गीत गाते हुए लौट जाते थे। टिमटिमाती बत्तियों को पीछे छोड़ते हुए। किए गए एहसानों को ओढ़े हुए। घास में चिपके रह गए तिनकों को झाड़ते हुए। बंजारों ने खिड़कियाँ चुनी थीं और उन खिड़कियों में कभी कबूतरों के जोड़े नहीं बैठते थे। उनके लिए चुनी गई थीं टाँड़ें, जिनके मुँह छतों की ओर होते थे।

बंजारे ख़ुश होते थे मन की करके। जीते थे तो हाथों से झरती रेत हँसती थी और उदासियों में सूखे पत्तों पर पाँव फैलाए वे अन्दर के ख़ालीपन को उड़ाते रहते थे चिलमों के धुएँ में। कोई गीत बजता था, सबकुछ बहकर बाहर आ जाता था। बंजारों की तकलीफ़ें सबसे ज़्यादा पाँवों ने झेली थीं। वे हर बार लौटते हुए बह जाते थे। फिरना उनका जीवन था और लौटना उनका दु:ख। वह सबकुछ समझते हुए भी नासमझ बने रहते थे। चुप रहकर तकते रहते मुँह।

बंजारे श्रापित थे। उनको श्राप था बहुत ज़्यादा सोचने का। चीज़ों को इतना सोचते थे कि हर चीज़ उन्हें

खाने लगती थी। और किसी ढलती शाम दबे हुए आँसुओं के साथ वे ख़ुश होकर हँसते हुए गाने लगते थे। सबकुछ के होने या न होने से परे वे जीने के गीतों पर थिरकते जाते। निष्ठुरताओं की आँखों में देखते और बिना कारण जाने ही चल पड़ते। चल पड़ते हर बार लौट आने को। भर जाने को गीतों और साज़ों से।

बंजारे के डेरे के बरक्स बनती जातीं ऊँची-ऊँची मंज़िलें। बंजारा डर जाता। लगता कि वह छूट रहा है दुनिया से पीछे। फिर वह देखता, उन बहुमंज़िला इमारतों में मशहूरियत के लिए मरते लोगों को, एक-दूसरे के चेहरे से पाखंड नोचते लोगों को, पचासों झूठ से एक बात गढ़ते लोगों को। वह और घबरा जाता।

फिर आता कोई बंजारे के डेरे में और दीया जलाकर सुनाता कहानियाँ। हवा में कहानियाँ भर जातीं। बंजारा घंटों सुनता रहता चुपचाप।

बंजारा अट्टालिकाओं में एक-दूसरे का चेहरा नोचते मानसिक दिवालियों की ओर देखता और हँसने लगता ज़ोर से। वह जब कभी बोलता, उसके मुँह से कहानी के अन्त में सुनाई गई बात निकलती—'चश्मा उतारकर देखें तो दुनिया कितनी ख़ूबसूरत है!'

किसी शाम एकाएक जाने क्या हो जाता है रंगों को! आसमान की पाटी पर खड़िये से उकेरे गए सफ़ेद फूलों पर फिरा दी हो किसी ने जैसे भीगी हुई हथेली। पेड़ों से चिड़ियों का झुंड उड़ता है, पर चहचहाहट नहीं होती। शाम के रंगों पर हाथ फेरकर एक अजीब-सी हँसी झरती है पानी की सतह पर। शान्त पानी पर हँसी की हलचल भँवर बना देती है। पहाड़ी से ताक रही आँखें भँवर में उलझकर हवा से टकरा जाती हैं। अँधेरा होने तक खाती रहती हैं गोते, रेत से सनी हवाओं में। इतनी उमस में जाने ये आँधी-सा क्या है। जो उड़ा रहा है सबकुछ इधर-उधर। वह जो जीवन सो चुका है, उसके गूदड़ चिपके चले आते हैं पीछे। शिकायतों की रुई रस्तों में बिखेरते। सब तो चुक गया है। बची रह गई है जो डोर वह है कठपुतली की। जिस दिन अँगुलियाँ ढील देंगी, कठपुतलियाँ पेड़ों पर चढ़ जाएँगी। पेड़ उड़ जाएँगे। बची रहेगी हरियाली और खो जाएगी रेत...

मौसम के रंग बदलने के दिन हैं। पानी और हरियाली में कमी आती हुई दिखने लगी है। तपती दोपहरों में खेजड़ी की छाँव ओढ़े गुलाबी गिर वाले मतीरों में उँगलियाँ फिराते रहते हैं बंजारे। आते हुए मौसम की शामों को रास्तों पर चलते दिखते हैं पाँव बंजारों के। शाम पूरे रंग ओढ़कर जा रही होती है पश्चिम को, तब बंजारे घरों के पास आते हुए अपने कपड़ों से निकाल रहे होते हैं भुरट। सिर पर लादे मतीरे और खाखड़ियाँ। वे जल्दबाजी में होते हैं एकासने छोड़कर आरती में पहुँचने की। दूर से आती हुई मन्दिर की घंटी की आवाज़ पैरों की चाल को तेज़ कर देती है...

बुरा नहीं था ख़ुश होना। पाँवों ने रास्ते चुने थे और आँखों ने बातें, कभी न ख़त्म होने के लिए। हँसते हुए बंजारे गाते थे गीत, वे गीत जो कभी नहीं गाए गए थे। ऐसे ही थे बंजारे। मनवा लेते थे बातें और बिछा देते थे रास्तों पर ठंडी रेत। जो गाते थे गीत झूठी बातों के, उन पर हँसते थे खुलकर। सबकुछ कितना अच्छा होता है होने पर। रातों में मटकी पर अँगूठी की थाप देते हुए बड़ी-सी मुस्कराहटों के साथ गाते थे बंजारे...

प्रतिबिम्ब तैरते हैं हवाओं में। किसी याद से सिहरकर चेहरे पर तैर रही नमी की परत जम जाती है। कहीं भी जाने पर पीछे नहीं छूट जाता है कुछ भी। होने पर सब कुछ होने का एहसास बना रहता है और न होने पर नहीं होता है कुछ भी। थैले की डोरियों पर चिपके रह गए जंगल के निशान पीठ पर चुभते हैं। भावशून्य-सा होकर चेहरा खो जाता है प्रतिबिम्ब में। घसीटने पर पाँव नहीं चलते हैं। कैसे घिरे हैं लोग चारों ओर से, सिमटते जाते हैं जगह बनाने को। ऊँचे होने को आमादा चलते जाते हैं बिना किसी नींव के, गिरने के डर से बेफ़िकर।

सड़कें चलती हैं। समन्दर देखता है। रातों में जुगनू हो जाते हैं पेड़। प्रेम से वंचित रेखाओं के घेरे में ख़ुद का देश बनाते किनारों पर लिपटे चेहरों से शून्य निकलकर डूब जाता समन्दर में। दिलासे टाँगकर आँखें फिरती रहती हैं। शोर मचाते हैं पहिए पहुँचने को बढ़ते हुए। ज़रूरी नहीं कि जगहें होती हैं। पंखा हवा में घुली नमी को दीवारों पर चिपका देता है और वह दीवारों से चिपटकर उदासी हो जाती है।

अब समझ में आया कि क्यों हर बार उदासी भरा नहीं होता लौटना। हर किसी को अपने-अपने प्रतिबिम्ब बाँध देने चाहिए, पेड़ों पर कील दी गई आत्माओं की तरह। प्रतिबिम्ब सुख से ज़्यादा उदासियाँ देते हैं। ख़ुद के वजूद को मिटाती उदासियाँ।

जिन जगहों पर रुक गई हवा, वहाँ बची रह गई थीं आत्माएँ।

दूज के चाँद पर वारी जाते थे बंजारे। ऊँटों के टोलों के पास तपेला-भर दूध पीते और पतले से चाँद और उसके पास के तारे को देखकर मुस्कराते रहते। शाम के रंगों का चाँद होता है यह। उजाले के जाने और अँधेरे के आने के बीच मुस्कराकर चला जाता है जाने कहाँ, फिर से आने को। दूज और तीज के इस चाँद के इन्तज़ार के दिनों में हरी दीवार, किताबों और पोस्टकार्ड पर बिखरी लड़ियों की हल्की रोशनी सुनाती रहती है मधुर गीत। वही गीत, जिनके बोल सुनकर कान ख़ुद को आत्माओं के हवाले कर देते हैं।

जाने कौन-सी हवाओं को छूकर सुनहरा हो जाता था मौसम।

सूखकर कपड़ों से चिपकते भुरट रास्तों के किनारे-किनारे बिखरे रहते हैं। बंजारों के कपड़ों से चिपक कर यात्राएँ करने के इन्तज़ार में। ऊँटों के टोलों पर उतर आए चाँद की रोशनी में ग्वाड़ों के किनारे चिलमें चढ़ाकर आटे की खीर ठारते बंजारे अब भी उन ज़मानों की बातों में जीते रहते हैं। जाने क्यों वे पुराने होकर भी दक़ियानूस नहीं थे। न उनके पास नए लोगों की तरह दिल छेदती टिप्पणियाँ थीं, और न ही झगड़ों की बातें। वो तपेले भरकर बाँट देते दूध। आए हुए राहगीरों से सुनते थे जानवरों, रास्तों, मौसमों और हवाओं की कहानियाँ। बंजारे कहते कि जिन दिनों गाँव ग़रीब थे, वे कभी किसी गाँव से नहीं लौटे थे भूखे। जबकि अब अमीरी के दिनों में किसी घर का दरवाज़ा नहीं खुलता है।

बैठकों पर पसरी रहती हैं सूखे पत्तों की आवाज़ें। गाँवों के किनारे-किनारे बचे रह गए पेड़ों पर जाने कौन-सा राग उकेरती हैं सफ़ेद गालों वाली बुलबुलें। रेत अब भी बची है, अपने आँसुओं को सूखे कुओं

की दीवारों पर बाँधे उड़ती रहती है। हवा बवंडरों, आँधियों, तूफ़ानों और लू के चिथड़े ओढ़े हर वक़्त हरेक चीज़ का हिसाब करती रहती है।

वैसे वक़्त जाने था कहाँ! किसी को दिखता है कहीं?

यह कोई पहली बार नहीं था जो ऐसे हुआ हो। अगर पाँव चल दिए होते तो चले गए होते, कहाँ, यह नहीं पता; पर चले ज़रूर गए होते। खेत प्यारे होते हैं, पर खेती मौत। बस, यही फ़लसफ़ा था पाँवों के ठहरे रहने का भी। जो खेत बचे रहे गए थे बारिश की उम्मीदों के भरोसे और किसी बरस हरे हो गए थे, शायद पाँव उन्हीं खेतों में फिरकर अपनी करे जा रहे हैं। क्या पता किसी दिन वहीं हों जहाँ उन्हें होना है।

पाँव सोचते हैं, शाम के धुँधलके में जब कोई ख़ुद को ढूँढ़ेगा तो शायद बता देगा उन्हें भी रास्ता...

बँधे पाँव जोहते हैं कतारें। साँसों में घुलती हुई रोशनी खो जाती है पत्तों के चक्कर काटकर। अँधेरे के भी कितने रंग हैं। शीशों से टकराकर हरा हो जाता, बत्ती से टकराकर दूधिया। अँधेरे की चादर में ख़ुद की हँसी सुरमयी सुनाई देती है। आवाज़ें अँधेरे में भटकती हुईं मोरपंखों से टकराकर साफ़ होती जाती हैं। शब्द पंख चुन लेते हैं, साज़ कानों के लिए छोड़कर।

सच कहा था, जानना कभी सम्भव हो ही नहीं सकता। बस, सम्भव था तो चुप्प हो जाना। अँधेरे की तरह हर रंग को ख़ुद में घोलते हुए।

उन शामों की रातें कभी नहीं आईं। बंजारे रेत से मटमैले हुए पाँवों को हरे कालीन पर झटककर बेपरवाह हँसते हुए चले जाते थे। अपने कपड़ों और थैलों पर चिपके हुए भुरटों को काँच की बोतलों में डालकर सहेजते और फिर उदास दिनों में तोड़ देते थे उन्हें। बुरे न होने की लाख कोशिशों के बाद भी वे रात-भर देखते थे डरावने सपने। डूबते सूरज की ओर सीधी सड़कों पर चलते हुए बंजारे ज़ोर से चिल्लाते हुए बातें करते ऊँटों, भेड़ों, बकरियों और गायों से।

इन दिनों बंजारे उदास होते हैं तो अँधेरे में उनके माथे पर जुगनू की तरह चमकते हैं ये शब्द—तुम्हारी व्यस्तताओं के गणित से पिघलकर मेरे भूगोल में बढ़ता जाता है रिक्तताओं का समुद्र...

बारिश सो गई थी। ओस की बूँदें रेत को लपेटने लगीं। अचानक पेड़ से एक पत्ता गिरा, हरा पत्ता। सब अचम्भित थे। एक-एक कर सारे ठूँठ उखाड़ दिए गए। मंज़िलें मकानों पर चढ़ने लगीं। सारे ऊँट रेत खाकर मर गए। भेड़ें दसवें माले की छत से बकरियों के साथ आसमान में उड़ गईं।

एक विदेशी आया थार में। उसे साफा पहने देखकर कुत्ते पगला गए। बच्चों ने पत्थर उठा लिये।

अचानक से परदा गिरा और तालियाँ बजने लगीं। रेगिस्तान अपना किरदार निभाकर चला गया।

सुना है कि बहुत पहले यहाँ पर समुद्र ने भी अपना किरदार निभाया था।

धुँधलाई सुबहों में आँखें खुलते ही सिरहाने तसली-भर झुग्गा, गरम बाजरे की रोटी और मक्खन, धूप निकलते-निकलते दही में चुरी बाजरे की रोटी। इसीलिए इतना हाड़-तोड़ काम कर पाते हैं रेगिस्तान के लोग।

हम बच्चे दिन उगते ही बकरी के बच्चों के पीछे भागते, दिन चढ़ते धूप सेंकतीं जाळों की डालों पर लटक कर ढीं-ढीं खेलते। स्कूल जाते तो मास्टरों को छाछ पिलाकर ग़ायब हो जाते और खेतों, धोरों में भागते-खेलते सर्द दिनों से लड़ते रहते।

जाने क्यों अब पेड़ धूप नहीं सेंकते हैं। शायद उनकी जान भी सुबहों को आती बिलौने की आवाज़ों में अटकी थी!

बंजारे बहुत कम झगड़ते थे। झगड़ते थे तो शाम के समय रेडियो का चैनल बदलने पर। कुछ बंजारे बाहर की हवा से गुज़रकर आते और सुनना चाहते गीतों के बजाय ख़बरें। उनको रोक लेती थीं बंजारों की छोटी बच्चियाँ। जिन दिनों बच्चियाँ रखतीं मिनीमारो, उस दिन चल जाती थीं खबरें, और सुनते ही उजड़ जाते थे बंजारों के डेरे। बंजारे ख़बरों में सुनते थे नई योजनाओं के बारे में। वे चक्कर लगाने लगते दफ़्तरों के। योजना के तीन हिस्से के पैसे लुटाकर वे प्राप्त करते चौथा हिस्सा। उस चौथे हिस्से की ख़रीदते अंग्रेज़ी शराब। चिलम और कच्ची शराब के नशे में रहने वाले बंजारे अंग्रेजी शराब पाकर पागल हो जाते। डेरों में कुत्तों के चिल्लाने की आवाज़ें बढ़ जातीं। पंछी चुप हो जाते। मुर्ग़े सहम जाते। रात के अन्तिम पहर में बंजारे कपड़े फाड़ने लगते और अन्त में डेरे में आग लगा देते। अगले मौसम तक फिर से गाँवों के ओटे सूने हो जाते। कहानियाँ चुप्प हो जातीं। बंजारों के पीछे फिरने वाले बच्चे घरों में खो जाते। बूढ़ी औरतें इन्तज़ार करतीं मौसम बदलने का। जवाँ कलाइयाँ दोपहरों में उदास हो जातीं देखकर बेरंग कचकोळियाँ।

और फिर किसी मौसम पेड़ों की छाँव में फिर से गाने लगतीं बंजारों की बच्चियाँ। चिळकने लगतीं हवेलियों की कलाइयाँ।

खेजड़ी की छाँव बंजारों के हिये में बस गई थी। वे गाँव के किनारों पर तालाब किनारे खेजड़ी के पेड़ ढूँढ़ते और उनके नीचे ऊँघते रहते। बंजारों के दोस्त भी इन खेजड़ी के रूखों जैसे ही हैं। उनका साथ सिखाता है—ना होने वाली चीज़ों के लिए रोने के बजाय हो रही चीज़ों के लिए ख़ुश होना। सर्द रातों में बंजारे दीवारों के कोनों पर दुबके बैठे रहते और आँखों में उतरकर सुनते रहते चिलम के धुएँ में घुलती कहानियाँ। बंजारे सुकून वाले रास्तों के लिए सुख होते। वे रास्तों में ही कहानियाँ ढूँढ़ते और सुकून-भरे रास्तों के किनारों पर उन कहानियों को उड़ेल देते। बंजारे ख़ुश होने के दिनों में डर जाते और जाने क्यों बन्द कर देते थे सोचना। डेरों की ओर लौटते हुए वे तारों की छवियाँ माँडते जाते। उस दिन बंजारे ख़ुश थे, बहुत ख़ुश।

और उस रात बंजारे को बहुत देर बाद नींद आई। डेरे के आगे कम्बल में दुबका वह जाने किस नशे में रात भर चिल्लाता रहा—

मस्ताना रे बणजारा
मत होये रे कामणगारो
घणो रे ऊंधो ए जमारो...

बंजारा डेरे से निकलकर बाहर बकरियों के बाड़े में आकर बैठ गया। आसमान की ओर देखकर उसने कहा—कितनी ठारी पड़ रही है—और ख़ुद को बरड़ी में लपेट लिया। बाड़ के बाहर हाथ सेंकने को लकड़ियाँ जला लीं और चिलम में खीरे भरने लगा। बाड़ से पीठ टिकाए उसने सिर ऊपर करके किरतियों को देखा, और उसाँस चिलम के धुएँ में मिलकर जाळों में खो गई। आगळ के पास ऊँघती बकरी के सिर पर हाथ फेरकर उसने पूछा, 'तुमने कभी किसी की जान ली है क्या?' उसे लगा, बकरी फुसफुसाकर कह रही है—'हाँ, शाम में ही तो खेत में हाल के उगे चने के पौधों की जान ली थी।' उसे याद आया, किसान का ग़ुस्से-भरा चेहरा देखकर वह हँस पड़ा था। बरसों पहले के काळ के दिन जैसे धुएँ में आकार लेकर बाड़ पर मँडराने लगे थे। वे सब जिनावरों के साथ डेरे छोड़कर परदेश चले गए थे। उसने कितना दुःख देखा था सड़कों के किनारों पर! बारिश की ख़बर मिलते ही वे फिर अपने मुलक भाग आए थे।

कितनी रातों तक वह डरावने सपने देखता रहा, जैसे

उसके प्रेम से ग़ुस्सा हुए लोग उसके पीछे कुदालियाँ लेकर भाग रहे हों। बाड़े पर से उड़ते हुए चमगादड़ को वह अँधेरे में खोते हुए देखने लगा। सोचने लगा कि क्या उसने सच में प्रेम किया था कभी। वह बंजारन उसे याद आई जो छाछ लेने आया करती थी दोपहरों में। उसने डेरे के कोने पर छप गए गहरे निशान देखने की कोशिश की। अलग होते हुए उस बंजारन ने कहा था कि अब तुम्हारी मूँछें उग रही हैं और दोनों हँसते रहे थे छिपकर। बंजारा अपनी मूँछों और दाढ़ी पर हाथ फेरकर खींप की छोटी-छोटी लकड़ियों को अलाव में फेंकता रहा। लकड़ियाँ आग छूते ही ख़त्म हो जातीं।

वह बंजारन घुमक्कड़ बंजारों के डेरे से आती थी और क़िस्से बाँचती थी गाँवों के। काळ के दिनों में यहीं छोड़कर परदेश गया था और काळ बिताकर लौटने के बाद वह सालों तक इस जगह उसकी बाट जोहता रहा। वापिस डेरे में जाकर खाट पर ऊँघने की कोशिश करते हुए वह सोचने लगा कि उसके मन में सबके लिए भली बातें ही क्यों हैं, हज़ार चुप्पियों के बाद भी! कितनी बार सोचा है उसने कि वह अब बद्दुआएँ देगा, लेकिन उसे धोरे के उस पार के पीर बाबा याद आ गए। उन्होंने कहा था कि 'तुम अपने औलिया ख़ुद ही हो। यहाँ कुछ मत माँगा करो।' उसे अपना वादा याद हो आया। पेड़ की टहनी पर उसने बरड़ी का लाल धागा बाँधा था कि मन्नत पूरी हुई तो वह शहर जाकर क़व्वाली सुनेगा और लौटकर सबको खीर खिलाएगा।

वह अब भी सोच रहा है कि उस शहर के कमरे में अकेलेपन से भागती वह आत्मा इस सर्दी में उस छोटी पहाड़ी या छत पर कैसे जाती होगी...

वह आख़िरी बार कब जागा था या सोया था? वैसे जैसे महीनों से सो रहा था। सोने की कोशिशों में कसमसाते हुए क्या-क्या बकता था बुरे सपने देखते हुए। वह बुरा वक़्त था। हर नींद के बाद जगा देता था एक नया डरावना सपना। और अब, जैसे आसमान साफ़ है और तारे टूटते हैं जान-बूझकर कि मन्नतें माँग सके कोई। इतना ख़ुश होना भी तो बुरा होता होगा! सड़क पर चलते हुए किसी कोने पर झुरमुट छँटते हैं तो हवा हाड़ छूने लगती है। फिर भी होंठ हँसते हैं, दाँत भींचते हुए।

समय को देखते रहना कितना मुश्किल होता है। समय में घुसकर कोई सड़क हो जाता या दीवार से लगती सीढ़ियाँ तो कितनी कहानियाँ देखता बिना किसी को असहज किये। यह कोई कहानी नहीं थी। जाते हुए समय में घुसकर बंजारा ख़ुश रहने के सपने देख रहा था। सब कुछ इतना आसान नहीं था। फिर भी वह सबकुछ भूल जाना चाहता था, सपनों सहित। होने के सुख के अलावा इस दुनिया में कोई चीज़ हुई नहीं मुहब्बत में राख होती लकड़ियों के लिए।

अगर ऐसा हो जाता कि मिल जाती सब श्रापों से मुक्ति तो?

वह पंछी इन फूलों-भरी डालियों पर क्यों नहीं बैठता है, ऐसे क्यों उदास फिरता रहता है! श्रापों से मुक्ति के बाद जिया जा सकता था न सपनों को...वह जो वेल्यू नाम का पंछी है, फिरता रहता है...जबकि फूलों को मिट्टी में मिल जाना चाहिए था, पतझड़ के मौसम में...पर फूलों ने इन्तज़ार किया और खिले रहे डालियों पर...कितना दुखद होता है, जब हम उन चीज़ों का मोल नहीं समझ पाते जो हमारे पास होती हैं, जो हमारे लिए होती हैं!

बेचैन पंछियों ने हमारी नसों में बना दिए थे घोंसले और घर उजाड़ना बुरा होता है न, बहुत बुरा! पेड़ों पर टँगी उन डिक्शनरियों में 'गिव अप' या 'हर्ट' जैसे शब्दों के लिए छोड़ी ही नहीं गई थी जगह...

जब छिप जाना हो अँधेरे में तो किवाड़ बळका देने चाहिए।
लौटना ज़रूरी होता है क्या? इन अँधेरों में कितना सुकून है! बिजली के तार आसमान में एक सीधी रेखा खींच देते हैं, जिसके ऊपर तारों से भरा आसमान है और नीचे इक्का-दुक्का लाइटें। खेजड़ी के पेड़ों पर अँधेरों में जाने कौन-से जिनावर यों गाते रहते हैं। ऊँची जगहों पर जो पत्थर पड़े हैं, उन पर मँडी होगी सबसे ख़ूबसूरत कहानियाँ।

कितना सुकून है, हवा जैसे बाल सहलाती है। बाबूजी, ये जिनावर भी कोई आर्टिस्ट हैं क्या? नहीं, आर्टिस्ट कितने 'आर्टिस्ट' होते हैं। ये जिनावर तो अँधेरों में चमकते हैं। धुआँ है धुआँ जो इस हवा में गाँजे की तरह नसों को शान्त कर देता है।

सालों पहले उस जगह पर किसी ने पत्थर पर अपना नाम माँड दिया था चूने से। वह जगह जादू है। शाम पंख समेटकर उस जगह पर उतर आती है। आस-पास के सारे पेड़ पंछियों की आवाज़ों से भर जाते हैं। सारी दुनिया एक किनारे होकर ठहर जाती है। उस जगह हिये पर मँडे हुए नाम उभरकर दिखते हैं। बादल घिरने पर वे नाम हिये पर हलचल करने लगते हैं। अभी बिजली चमक रही है। जाते हुए पंछियों ने अपनी क़तार से कोई नाम लिख दिया है और वह चमक रहा है बिजली चमकने की रोशनी से...

बंजारा जैसे ख़ुद से बोल पड़ा, मूड स्विंग्स भी कितनी प्यारी चीज़ होती है। कौन झेलना कहता है इतनी प्यारी चीज़ को!

वे रातें थीं। अपने बदन पर सितारों को ओढ़े हुए रातें। बंजारे अपने ढोरों पर सामान लादे जाने किन उम्मीदों में निकल पड़ते थे यात्राओं पर। छाँवों को ठोकर मारकर पछतावों से माफी माँगते हुए वे पैरों के छालों पर हँसते थे। उन्होंने कोशिश की कि वे समझ जाएँ बैर और बेर का फ़र्क़, पर उनकी डिक्शनरियों में सिर्फ़ सुकून एक्जिस्ट करता था और इसीलिए तो वे बंजारे थे। ज़माना उनको पागल कह सकता था, पर वे थे नहीं पागल। वे प्यार में थे। कोशिश करते थे ख़ुद को समझने की। वे जब ख़ुद को समझने की कोशिशों में डूबे थे, तब दुनिया उनको जज करने में लगी थी। वे सोचते थे कि एक दिन लाइफ़ स्टेबल हो जाएगी और वे रास्तों पर अँगुलियों को दो से गुणा करते हुए हँस रहे होंगे गणित और भूगोल पर।

बंजारों के पास कितनी ही कहानियाँ थीं, पर उन्होंने चुप्पियों की घुट्टी पी रखी थी। उसने कहा कि बंजारे श्रापित नहीं, करमठोक हैं। पर बंजारे न तो श्रापित थे, न करमठोक। वे सिर्फ़ बंजारे थे। उन्होंने नींद में सिर्फ़ बकरियों के गले की घंटियों का संगीत सुना था

या सुनी थी खेजड़ियों और बोरड़ियों से आती झींगुरों की आवाज़ें। उन्हें लगता था कि इस संगीत के आगे बीथोवन, बीटल्स या मोत्सार्ट कुछ भी नहीं है। जबकि वे बाद के दिनों में अँधेरे में इन्हीं लोगों की धुनों पर ऊँघने की कोशिश करते थे।

काश, शहरों में होते रेत के टीले, जिन पर बकरियों के बाड़ों से घंटियों की आवाज़ें आतीं और वे देख सकते अपनी प्रेमिकाओं के बालों में हाथ फिराते हुए साफ़-साफ़ आकाशगंगा। यही तो माँगते थे वे टूटते हुए तारों से। बंजारे मोहब्बत में कितने आस्तिक हो जाते हैं! कल्पवृक्ष के चार चक्कर लगा लेते वो और औलिया की दीवारों को चूमते हुए माँगते थे दुआएँ।

बंजारे श्रापित नहीं थे। देखना, सब मानेंगे एक दिन कि बंजारे श्रापित नहीं थे।

बंजारों के देस में गाँवों के किनारे कैर की झाड़ियों में उलझी रहती गीतों में घुली सुबहें। कैर के चूँटों में घुलती दोपहरों की बातें और शामों में ज़बानों पर उतर आता चटनियों का स्वाद। बंजारों ने ऐसे ही मोहब्बत की।

अब भी ज़िन्दा हैं क्या बंजारे? जैसे लौट आया कोई ज़िन्दगी में फिर से...दिनों बाद फिर से...

इधर ऐसे शाम आती है। पेड़ों पर लाइटें चढ़ जाती हैं और घरों पर साइकिलें। पेड़ों से उतरकर रोशनी आँखों में घुस जाती है और साइकिल को बिसरा चुकी आवाज़ें कानों को भर देती हैं। रास्ता ख़त्म होते शरीर गिर पड़ता है और आँखें बन्द हो जाती हैं। अब न कुछ दिखाई देता है, न कुछ सुनाई। सोचने की शक्ति को बिसार चुका मन, एक जगह जो हमेशा छपी रह गई, वहाँ चला जाता है। वह जगह जहाँ पर माँडी थी पूरी हथेली, जिसके रंग फैलकर आसमान में गोल रोशनी हो गए। उसकी रोशनी से ठीक नीचे एक पत्थर पड़ा रहता है।

सर्दियों में जिस पर कबूतरों ने धूप सेंकी थी, बारिशों में गौरेया ने पानी में गर्दन डुबोई थी, उसी पत्थर पर बैठा है वह गर्मियों की रातों में। चुपचाप वह चौकोर दीवार में भरी रोशनी को देखता है। छँटे बालों में फिरती हवा को महसूस करता है और टूटकर छत पर फिरते पत्तों को सुनता है। छत पर इधर-उधर फिरते पीले पत्ते आड़ पाकर पाँवों से चिपटते जाते, जैसे सुना रहे हों कोई कहानी।

...पर वह तो सोचना भूल चुका था, कैसे सुनता कहानियाँ!

वह सुनाता था जिन किरदारों को, जिनकी चुप्पियों को, वे ज़मीन थे—सपाट, मटमैली। कभी भरे हुए थे पानी से और जब पानी सूख गया तो हो गए जमी हुई रेत की पपड़ी। जिनको बारिशों में फिर से भीगकर हो जाना था हरा।

उस ज़मीन के किनारे जब चलते थे जिनावर वह फिर से गाता था उनके गीत। वही गीत जो सुनता था वह रोज़, दो मौसमों के बीच की शामों को पानी के किनारे-किनारे तैरती परछाइयों पर तैरते रंगों से निकलती धुनों के सुकून को पीता था। चाहता था वह बँध जाना, गुलाबी ओढ़नी पर चमकती सुनहरी किनारी की तरह; या गुँथ जाना चाहता था दोपहर में गूँथे गए काँच की किनारी वाले फूलों की तरह।

जैसे वह किरदार जो खड़ा था अँधेरे में चमकता। वह जो था, ख़ुद था हमेशा। लदा था या ख़ाली था, पर भरा था हमेशा। चहचहाहटों से, गीतों से, बातों से। चुप था तो गीत था, बोलता था तो कहानी। और वह हो जाना चाहता था सफ़ेद गालों वाली बुलबुल या रंगीन धागा जो बँधा रह गया हमेशा उस किरदार से।

गर्मी की छुट्टियों से पहले मार्च-अप्रैल की दोपहरें। दीवारों के किनारे बिखरे गीलेपन में गड्ढे खोदकर शरीर को ठंडक देने की कोशिश करते कुत्ते। चौकियों पर टँगे निम्बोलियों से भरे पानी के बर्तनों में चोंच फेरते कौवे। घनी छाँव वाली जाळों की डालों पर लटकते बच्चे और छाँव में ऊँघती गायें। स्कूल की छुट्टी हो जाने का वक़्त है। हवा का कोई झोंका पास से गुज़रता तो लगता सबकुछ झुलसा देगा। पसीने से तरबतर कोई भागा जाता है बरामदे में पहुँचकर गिर जाने को। तीन किलोमीटर दूर स्कूल से एक कन्धे पर बैग और दूसरे कन्धे पर कबूतरिया कमीज़ लटकाए सूखे खेतों और तपती डामर की सड़क को नापकर आया शरीर दरवाज़ा खोलते ही ऐसे गिर पड़ता, जैसे साँस उखड़ने ही वाली हो। बरामदे में गिरे शरीर को एक घंटे तक गोद में रखकर सिर पर हाथ फिरता रहता। बाहर रेत और लू में घुलकर निकली झुलसाती हवा जब बरगद के पत्तों से लिपटकर बरामदे की छाँव में आकर बालों को छूती तो लगता पानी के छींटे मार रही हो। कान उनींदी दोपहर की बातें सुनते और आँखें ऊँघती रहतीं। मग-भर छाछ, साँगरी की सब्ज़ी और

फुल्कों से तृप्त होकर साँसें वापिस अपने रास्ते लौट आतीं। और तृप्त आत्मा के सिरहाने रेडियो बजा रहा होता 'मनचाहे गीत'—ऐ दिल, लाया है बहार, अपनों का प्यार, क्या कहना...

शिकायतें सूख गई पीली पत्तियों की तरह थीं। जो हर बार बन जाती थीं खाद पेड़ पर चमकते नए पत्तों के लिए। कितनी बार ग़ुस्से में होने पर उसने बरगद को झकझोर दिया होगा, यह उसे भी याद नहीं। जब वह थककर दीवार से पीठ टिकाकर रोने लगता, ठीक उसी वक़्त किसी डाल पर गाने लगती थी फ़ाख़्ता और सफ़ेद गालों वाली बुलबुल। डालों पर झूलते हुए वह उन पंछियों को देर तक तकता रहता। उन आवाज़ों में खोते हुए भूल जाता अपने ग़ुस्से को। दीवार के पास फैल आई डाल से लिपटकर वह टूटी हुई कुर्सियों पर पैर टिकाकर सो जाता या फिर डालियों में बाँहों को बाँधकर झूलता रहता सारी दोपहर झूला।

वह सोचता है, बरगद अगर हमारी तरह होता तो कितनी शिकायतें करता। उसने जाने कितनी बार बरगद को तंग किया होगा। जब पतझड़ के दिनों में एक भी पत्ता नहीं बचता बरगद पर या कभी आँधी में टूट जाती कोई डाल, तब भी वह चुपचाप सुनाता रहता सारी कहानियाँ। रातों को वह जब भी रुआँसा हो जाता तो रेडियो पर गीत सुनते हुए बिना पत्तों के

उस सफ़ेद हो चुके बरगद को देखता रहता। बरगद शायद कह रहा होता है, तुम चुपचाप देखो, मैं अगले महीनों में कैसे हरा हो जाऊँगा।

दोपहरों में वह दीवार पर बैठकर सुनता रहता आसपास की आवाज़ें बरगद की सफ़ेद टहनियों को सहलाते हुए। गायों की घंटियों से लेकर बच्चों के रोने तक की आवाज़ें बरगद की सूखी डालों पर झूलती रहतीं। और फिर कुछ दिनों बाद भादो की शामों से लिपटकर बरगद जब फिर से पूरा हरा-भरा बना लेता ख़ुद को, छोटे-छोटे हरे व लाल पत्तों पर नाच रही होतीं ठहर गई बारिश की बूँदें, तब बरगद भी गाने लगता गीत चिड़ियों के साथ मिलकर। दिन-भर उसकी डालियों पर तैरती चहचहाहट और रातों में उसकी डालियों पर चमकने लगते ओटों पर तैरते हुए आते हरजस, और वह नाक के नीचे तक पहुँचते अपने बेतरतीब बालों को गूँथते हुए सुनता रहता ये गीत, बुनते हुए ख़्वाब बरगद के नए उगते पत्तों से। वे ख़्वाब जो खाद थे सूखे पत्तों की तरह। फिर से हर बार हरा हो जाने के लिए। यही तो है जो हर बार होता है वैसे ही। कितना दुख होता है जब आसपास की वे चीज़ें, जिनसे हम एक उम्र पार करते हैं, उसके बाद हमारे होने को कभी स्वीकार नहीं कर पातीं। हम बस होते हैं एक अघोषित समझौते की तरह।

काश, सब उस बरगद की तरह हमें स्वीकार कर लेते; जैसे हम हैं, वैसे ही।

धोरों के बीच से गुज़रते किसी सुनसान से रास्ते पर उग आती हैं कहानियाँ। इच्छनाओं की कहानियाँ। पाळियों पर आँखें बन्द करके माँगी जाने वाली इच्छनाएँ, जिनके पूरे होने पर बकरे बोले जाते थे। उसने सुनसान रास्ते के किनारे कैर के पास बने उस छोटे से पाळिये पर अगरबत्ती जलाकर इच्छना माँगी थी। पूरी होने पर इन रास्तों से जाने कितनी बार गुज़रेगा, आँखों में सुकून के चित्र माँडते हुए। और बलि देगा, अगर इच्छना रह गई अधूरी...

रास्तों के किनारों पर रोशनी देखकर हरिण छोटे-छोटे पौधों के बीच तेज़ भागने लगते या ठिठककर वहीं खड़े हो जाते। या तो भाग जाना चाहिए या फिर ठहर जाना चाहिए। जो बुरा होगा, वह गुज़र जाएगा और अच्छा होगा, वह ठहर। यह सिर्फ़ सोचा गया था। कई बार ठहर जाने के बाद बूँठों में से ठाँय की आवाज़ आती और मरीचिकाओं के पीछे भागते मृग पा जाते मुक्ति। अपने-अपने हिस्से की सहूलियतें पाने को जब भाग रहे थे मृगमरीचिकाओं के पीछे, तब उसने ठाँय की आवाज़ ओढ़कर जोखिम उठाया था ठहर

जाने का। उन दिनों जब दिन में रेत तपती थी और रात में बदन, उसे याद था किसी का कहा कि जब हिचकी आए तो आँखों से पानी बहने देना चाहिए। इस रेगिस्तान में तो हिचकी आने पर सूखी आँखें लू झेलते नाक को सौंप देती थीं जिम्मा, पानी बहाने का।

किसी-किसी रात अचानक हवा रुक जाती और सब ठहर-सा जाता। बरगद के पत्तों का टकराना, हवा का बालों को सहलाना, बिस्तर का उड़कर इधर-उधर हो जाना, सब रुक जाता। और फिर अचानक रेत से घिरे उन रास्तों को पार कर चुके होते तब याद आता कि लम्बे वक़्त से थमे हुए हैं उस हवा की तरह। उमस से पसीना-पसीना होते हुए। उन रास्तों की कहानियाँ ज़ेहन में गूँजती तो रेत में उठने लगते भूंताळिये। और वह सबकुछ जो अनचाहा था, भूंताळिये में ऊपर उठकर उड़ती चीज़ों की तरह दिखने लगता साफ़-साफ़। और फिर धोरों के पार से उठने लगता बवंडर, आसमान छूता तेज़ बवंडर। यह बवंडर जब गुज़र जाता तो दिखने लगतीं सब तस्वीरें साफ़-साफ़। और याद आता कि कब और कहाँ रुक गई थी हवा। कितने बुरे हो जाते हैं कभी-कभी मौसम! जो रूठ जाते हैं हवाओं से और रोक लेते ख़ुद को पेड़ों से बात करने से।

वे पेड़ जो कहीं भी उग आते हैं, दीवारों पर, छतों पर, चारों तरफ़ पसरी रेत के बीच। ये पेड़ लोकजीवन के देवता थे। कुछ भी माँगा जा सकता है इनसे। मुहब्बत भी ऐसी ही है, कहीं भी उग आती है और पानी की

तलाश में फैलाती जाती है अपनी जड़ें। यह सबको पता था कि पेड़ों से छनकर आती छाँव जब रूह में उतरती है तो दिनों बाद भी सुकून देती है। इसीलिए तो मुहब्बत भी पेड़ों जैसी ही है, देवता!

रेत के बीच बारिश की तरह आई लम्बी काली सड़कें। और उस बारिश की हरियाली थीं मछरड़ियाँ। उन दिनों के बीत जाने और सड़कों के चौड़ी हो जाने के बाद भी बंजारे सोचते थे कि उनके पास एक मछरड़ी हो। जिसके दोनों तरफ़ दरवाज़ों के पास ख़ूब रंग-बिरंगे लूम्बे बँधे हो। अन्दर टेप के पास रखे हों पदमाराम के भजनों के कैसेट। गर्मी की शामों को धूप-दिये के टेम डेरे लौटते हुए बजाते हुए आएँ वो—*म्हाने अबकी बचाय ले म्हारी माँ बटाउड़ो रे आयो लेवण* ने।

उन दिनों वे हर रोज़ सुबह में पंछियों के आने के वक़्त डेरों से निकलते और रेगिस्तान पार करके लौट आते थे शाम ढले, जब मछरड़ी का पीला बोनट शाम के सुनहरे रंगों में चमक रहा होता। दिन-भर सद्दीक ख़ाँ के विरह भरे गीतों और शाम को पदमाराम के भजनों में खोए बंजारे खाटों पर सोते हुए बंजारनों के इन्तज़ार में गिनते रहते सबसे चमकते हुए तारों को। और फिर बंजारने खटींगण डालने के बाद ओडे ढाककर आ जातीं तो रातों में बोरड़ियों के बीच डेरों के आगे गूँजते रहते जिनावरों के गीत, बंजारों की आवाज़ों में घुले हुए।

जबकि उसके हाथों ने नहीं देखे थे छाले कभी तमाम कोशिशों के बावजूद...गाँवों के मन कभी नहीं समझ पाए उसके मन की खींचातानी को। एंग्ज़ायटी को उन्होंने अमूजारी कहकर टाल दिया और डिप्रेशन को ज़्यादा पढ़ने-लिखने का नतीजा। और जब बुझने लगा मन तो गले में टाँग दिया गया ठाळिया। विज्ञान और मान्यता दोनों ने सलाहें दी सूत्र की। एक सूत्र के साथ मंगल था और दूसरे के साथ योगिनियाँ। फिर भी पागल वह था!

डाखणी हवा पानी को उड़ा रही है। पाळ पर बैठा पंछी रंगों को देख रहा है। वह क्या जानता होगा! उसने गले में नहीं पहन रखा है कोई मादळिया। आँधी के साथ कोई सूखा पत्ता उड़ता हुआ आया और पंछी को डराकर उड़ गया। पंछी लड़खड़ाया और पानी में गिर गया। सब रंग धूसर हो गए। दुनिया ऐसी ही तो थी। धूसर।

उम्र कितनी होती होगी मन की इस कसमसाहट की— किसने पूछा होगा! बीस रोज़ पाँवों को दीवार में लगी खूँटी से बाँधे रखा। नौ रोज़ खिड़की में गर्दन फँसाए बरगद पर उड़ती चिड़िया को देखता रहा और एक दिन उड़ गया चिड़िया के साथ। यह हर महीने का रोज़नामचा था। मार्च के बाद जो समय ठहर गया था, उसका रोज़नामचा। एक शाम जाने कहाँ से उतर आती कि जब सब ठीक होता-सा दीखता। लगता, जैसे हाथ-पाँव अब भी चलना जानते हैं। जो नौ रोज़ वह देखता था उड़ती चिड़ियों को, वे एक दिन के लिए उतर आती थीं कल्पना बनकर हिये में।

एंग्ज़ायटी बरगद जितनी बूढ़ी थी। आँधी के थपेड़ों में भी पंछी पत्तों के पीछे छिपकर गाते रहते थे उदासियों के गीत—*देहावरा कोरल्या जन्म खुणा...*

बंजारों ने बन्द कर दिये थे टिंडर के नोटिफ़िकेशन और उँगलियों में पकड़ ली थीं खड़तालें। शामों की चुप्पियाँ रातों को बदल जाती थीं मदहोशियों में। वह जो लास्ट नोटिफ़िकेशन था, यह था कि 'काश, मेरे पास इतना लम्बा इयरफ़ोन होता कि मैं तारबन्दी के उस तरफ़ फेंक देती और जो मैं सुन रही हूँ, वह तुम भी सुन पाते।'

बंजारे ने जवाब दिया था, लिंक भेज दो। बंजारनें इतने बचकाने जवाबों पर ग़ुस्सा होकर चिकोटियाँ काटने लगती थीं, पर तारबन्दी के उस पार से सिर्फ़ टेढ़े मुँह वाली इमोजियाँ पहुँचा सकती थीं, चिकोटियाँ नहीं।

क्या सच में हम किसी भी चीज़ के पहले से लिखे होने में यक़ीन नहीं करते थे? कई बार लगता कि यह झूठा यक़ीन था। पत्तों का हरा होना, फूलों का खिलना, बारिश के मौसम का आना तय था, क्या उसी तरह से सब तय है हमारे होने में? क्या खोजी जा सकती थीं वो जगहें, जिन्हें फिर से नहीं देखा गया; लेकिन जो कभी उतरीं ही नहीं ज़ेहन से। भरोसे के पेड़ों पर लिखा गया था हर साल पतझड़ का आना और फूलों की महक का रूह में उतर जाना। यह वही महक होती है क्या जो हर बार दूर से तैरती हुई कमज़ोर दीवारों से लिपट जाती है? देखना, आसपास के दो निझर चुके और हरे-भरे पेड़ों को और फिर दोनों पर लग आए फूलों को। ये भरोसे के ही तो फूल होते होंगे। नहीं तो कैसे जी पाते हैं हरे पेड़ों को देखकर निझरे हुए पेड़? जिन पेड़ों पर खिल आए थे सुन्दर महकते फूल, उन्होंने कितना बचाया होगा ख़ुद को ग़ुम जाने और अशान्त हो जाने के दीमक से।

जब सबकुछ खिल जाता है तो बेलों पर से जल जाते हैं ऊब के तन्तु...किनारों से फूट पड़ते हैं आलिंगन के

फूल...और चूम लेना उग आता है होंठों पर, तरबूज़ की फाँकों-सा नमकीन और मीठा।

खिलने में सबकुछ हरा था। वह हरा जिसमें ऊब नहीं थी, हरहमेश होने के बाद भी। उस हरहमेश में पतझड़ का पीलापन भी था और उनींदी रातों के बाद उगी अवसाद वाली सुबहों का स्याह भी। अगर सबकुछ फूलों के खिलने और तरबूज़ की फाँकों के मीठा और नमकीन होने की तरह तय था तो फिर हमारे प्रेम का उगना क्यों नहीं?

नकारा गया था सारी बारिशों को, सारी फूटतीं कोंपलों को, सारे हरे पत्तों को केवल एक बेल की ख़ातिर।

एक सूखा दरख़्त है जो रेत के राग सुनता है। जाने किस इन्तज़ार में अपने में खोया रहता है! ढूँढ़ता है सौ बहाने बेल से बातें करने को और रात ख़त्म होने से पहले ही ख़त्म हो जाते हैं उसके सारे बहाने।

वह समझ नहीं पाता है कि फूल भेजे या झुकाए डालें, ताकि वह बोल सके बेल से—'सुनो, तुम्हारे लिए हैं ये शब्द। मुझे मालूम है कि मैं प्रेम में हूँ, पर कह नहीं पाता हूँ तुमसे क्योंकि रोज़ शाम ख़त्म हो जाते हैं तुमसे बात करने के सारे बहाने...'

जानती हो उसने क्यों ठुकरा दिया था सारी वनलताओं को? क्योंकि वे सोचती थीं, रेगिस्तान बंजर होता है। मुझे मालूम है कि तुम मतीरे की बेल हो। तुम जानती हो कैर, साँगरी, पीलू को। वे वनलताएँ नहीं सह सकतीं बेर और कैर के काँटे, क्योंकि वे नहीं जानती हैं पाकों और बेर का मीठापन। उन्हें चाहिए फूलों वाले पेड़, जिन पर केवल फूल ही खिलते हैं। वे ढूँढ़ती हैं ओढ़ी हुई हरियाली।

खेत के सुनहरे टीले पर मतीरे की एक बेल और बेर का एक पेड़ है। पूरे गाँव में सबसे मीठे बेर उस पेड़ पर होते हैं। हर बारिश मीठे मतीरे उसी टीले वाली बेल में लगते हैं।

मैंने देखा था, इस बारिश कैसे लिपटी थी वह बेल बेर से। वह काँटों से डरती नहीं। उसे मालूम है, इन्हीं काँटों से तो जीवन है। चुपचाप रहने वाले ये कँटीले पेड़ कितनी गहराई से खोज लाते हैं पानी। मुझे मालूम है कि तुम समझती हो...

तेज़ धूप में झुलस गई झाड़ियों की बची रह गई छाँव में सुगन चिड़ी बोल रही है। मैं भाग रहा हूँ नंगे पाँव, पगथलियों को जलने से बचाते हुए। पाके खाने को, खोखे झाड़ने को और चुगने को पीलू। सब ओर धरती सुनहरी-सुनहरी दिख रही है। एक कैर का पौधा हरा दिखता है जिसके नीचे छाँव है और मधुर हवा आ रही है। मैं कन्धे पर पड़ी पानी की बोतल भिगोके टूळे पर टाँगकर सो जाता हूँ। जागता हूँ तो देखता हूँ, पानी की बोतल के कपड़े से जहाँ पानी टपक रहा था, वहाँ एक रास्ता बन गया है ज़मीन में। मैं उस रास्ते में घुस जाता हूँ।

एक अँधेरी गुफा जिसमें रास्ता दिखने-भर एक रोशनी की लकीर है। लम्बा चलने पर गुफा में एक जगह गाने की आवाज़ सुनाई पड़ती है। आसपास देखने पर छत पर एक छाजड़ा टँगा दिखता है। छाजड़ा हटाने पर एक आदमी के निकलने-भर पतला-सा रास्ता दिखता है। बाहर निकलता हूँ तो एक सुनहरे क़िले से शहर चमकता दिखता है। चबूतरे पर केसरिया साफा पहने कोई गीत गा रहा है। वह बुलाकर एक गली की

ओर इशारा करता है। मैं गली में घुसता हूँ। गली जहाँ ख़त्म होती है, वहाँ दीवार में एक खिड़की चमक रही है। उस खिड़की में एक अजीब-सा आकर्षण है जो मुझे खींच लेता है अपनी ओर। लकड़ी की खिड़की जिस पर बारीक कारीगरी से खुदाई की गई है, किनारे पर कोई पुराने ज़माने का ताला रखा है, खुला हुआ। खिड़की खोलकर देखता हूँ तो एक तस्वीर रखी है, जिसे बरसों से किसी ने छुआ नहीं है। उस पर जमी धूल बता रही है कि तस्वीर कितनी पुरानी होगी। मैं उस तस्वीर को उठाकर झाड़ने के लिए पायजामे से रूमाल निकालता हूँ कि क़िले के चौकीदार चिल्लाते हुए मेरी तरफ़ आते दिखाई देते हैं। मैं भागने लगता हूँ और पूरे क़िले में हल्ला होने लगता है। भागते-भागते मैं एक अँधेरी गली में घुसता हूँ और उस गली में अचानक से कोई पत्थर हटता है और मैं फिर से उस गुफा में गिर जाता हूँ जिसमें से आया था।

चलते-चलते फिर उस कैर के पौधे के नीचे पहुँचता हूँ। बोतल अभी भी वहीं टँगी है। मैं तस्वीर की धूल हटाता हूँ तो देखता हूँ कि सत्यजीत रे मुस्करा रहे हैं। मैं सोचता हूँ, इस रेगिस्तान में कौन चित्रकार रहा होगा जिसने उनकी इतनी ख़ूबसरत जीवन्त तस्वीर बनाई है। और मैं अचानक से जाग जाता हूँ। मुँह पर बोतल के कपड़े से टपकती बूँदें गिर रही हैं। कोई हवा का झोंका भूले-भटके इधर आ गया था जो मुझे जगा गया इस सपने से...

ख़ाली छत है, जिस पर कोई सीढ़ी नहीं जाती। हर सुबह मोर नाचता है। मैं सोचता हूँ, नज़दीक जाकर तस्वीर खींचूँ। फिर लगता है, मुझे देखकर नाचना छोड़ वह उड़ जाएगा। तकलीफ़ होगी न उसे भी। मोरनी नीचे छज्जे पर बैठी रहती है। कुछ भी हलचल होती है या कोई आ रहा होता है तो मोर को बता देती है और मोर सावचेत हो जाता है। नाचते-नाचते रुक जाता है। कई बार नाचना छोड़कर दीवार पर चला जाता है और देखता रहता है टुकुर-टुकुर गुज़रने वाले आदमी को।

कभी-कभी ऐसे ही लगता है, ज़िन्दगी बिना सावचेत हुए जी ही नहीं जाती। देखो ना, लोग कैसे-कैसे और कितने जतन करते हैं, हर एक दिन को जीने के लिए।

एक-दूसरे की बुराई करना कितना आसान है! सबसे तो आसान है किसी को जज करना। यार, खीज उठती है कि हम कई बार लोगों को उन चीज़ों तक के लिए घटिया बोल रहे होते हैं जो हम रोज़ कर रहे होते हैं। कितनी बुरी चीज़ है न! पर ऐसे ही चलना है। हम न

तो किसी को बचा सकते हैं, न किसी के लिए बच सकते हैं। अपने-अपने हिस्से का सबको भोगना ही है। फिर भी जाने क्यों मैं हर सुबह मोर को नाचते हुए और मोरनी को सावचेत करते हुए देखता हूँ...

...और खो जाता हूँ सपनों में...

इन दिनों जो कर रहा भद्दे मज़ाक़, गिलहरियों की पकड़ रहा पूँछें, जान-बूझकर जो जाग रहा रात-भर, उजाले में आईना दिखेगा; तब? सुबहों के दुःखों पर जग हँस रहा, रो रही हैं उजली दुपहरें मुँह छिपाए, ढलता सूरज जो अनदेखा हो रहा, शाम में जग सोएगा; तब?

अँधेरे में बोल देगा न सच, सुबह को हँस देगा ही-ही करके, शाम में लड़ लेगा सबसे गाली देके; भद्दे मज़ाक़ नहीं, क़तई न करना अब!

इन दिनों तारे टूटकर तिरछे नहीं जाते। सीधे आकर गिरते हैं मेरी नाभि पर और निकलने लगती है आग हड्डियों से। ख़ाक हो जाती है सूँटी की सारी रुई। मुझे पता है सुबह आईना इन्तज़ार करेगा। इन दिनों आईना भी तो मेरा चित्र नहीं दिखाता। अँधेरे में जो मैं करता हूँ, जानबूझके दिखा देता है उसकी बिगड़ी हुई तस्वीरें। रेत के गुबार उठते हैं पेड़ों पर से। अरे, इन दिनों तो आँधियाँ भी रेत से नहीं मिलतीं। बस, भीगी हवा चलती है और गिरते जाते हैं छाया वाले दरख़्त!

दीवार के आलों में उग रही हैं बेलें। देखो, इन दिनों तो किताबों से शब्द भी होने लगे ग़ायब और तुम बातों को भाव दे रही...इतने भी रोमांटिक नहीं होते इश्क़ करने वाले आदमी!

जाने किस बात पे रोना आया मगर आया। वह भी मुस्कराते हुए। रोज़ रेत मिटती है और अन्धड़ फिर से बना जाते हैं ऊँचे-ऊँचे टीले। उसने पूछा, तुम कविता लिखोगे? मैं क्या जवाब देता!

झरोखे से पूरा शहर दिखता है। टाँगें लटकाए बैठो तो ऐसे लगता है, जैसे शहर को ठेंगा दिखा रहे हों। रेत इतनी ऊँची उड़कर नहीं आती। बस हवा के थपेड़े डिगाते रहते हैं।

'किसी को याद करने जैसी चीज़ कुछ होती ही नहीं है'—यह बहुत ही प्यारा झूठ था जो हमेशा याद रहेगा।

पंछी डाल पर बैठता है और हवा उसे उड़ा देती है। बहुत देर से ऐसा हो रहा है। हवा इतनी तेज़ है कि आप सीधे खड़े नहीं रह सकते। 35 किलोमीटर प्रति घंटे की रफ़्तार और साथ में धूल ऐसे उड़ रही कि कोई हाथों से उँड़ेल रहा हो। मैं जाळ के ओळे में चिताळ पर बैठे हुए बहुत देर से उस पंछी को देख रहा। बीच-बीच में पास से जा रही पाइपलाइन से रिसते पानी में फुदककर धूल झाड़ता और फिर हवा से खेलने लगता। रोना जब अन्दर घुटता है तो आँखें जलने लगती हैं। सिर अझेल दुखने लगता है। खिड़की में सिर रखे-रखे भारी होता जाता है। जो किया था, वह सुकून था और जो कर रहा वह दु:ख—यह लगने लगना कितना अवसाद से भरा है! सब कुछ जैसे कुछ-ना-कुछ जवाब चाहता है। हर पत्थर, हर गली, हर आँख, हर ज़बान।

भीड़ के अकेलेपन में कुचले जाने से खिड़की में पड़े-पड़े हँसते रहना बेहतर विकल्प है। चाहे पागल ही क्यों ना कहे जाने लगें। मैं चिताळ छोड़कर छत पर बैठता हूँ तो बरगद धूल से बालों को बचा लेता है। इतनी धूल उड़ रही कि बालों में ही रेत का टीला बना जाए।

रेत के बीच सब कितना धुँधला दिख रहा है! जो चमक रहा है, वही दिख रहा। दिखने के लिए चमकते रहने से दूसरा भी तो कोई विकल्प होता होगा? मैंने तो पहले ही कहा था, दिखना ही क्यों! सब कितना धुँधला दिख रहा है...इतना कि आँखें जलती हैं और सर फटता है...

वापस लौट आईं थीं चिट्ठियाँ। मैं जानता हूँ कि चीज़ें खो जाती हैं। अन्दर से सबकुछ ख़त्म हो जाता है। जानते हुए भी होने दिया जाता है ख़त्म। हर कोई देने लगता है परिभाषाएँ, रोशनी और अँधेरे की। उन परिभाषाओं की जकड़न दिनों-दिन मज़बूत होती जाती है। आपके आसपास का सबकुछ अच्छा-अच्छा बिखरने लगता है। फिर भी आप उतरते जाते हैं उस अँधेरे में। मैं भाग जाना चाहता हूँ, न इधर, न उधर। कहीं और। दूर, बहुत दूर।

मोर दो लोगों के बँध जाने का साक्षी था। बँध जाने का मतलब था, दो लोगों के हिये एक हो जाना। कितने सारे रंग हैं, दो लोगों के एक होने में! मुझे शादी वाला 'सिस्टम' कभी समझ में आया ही नहीं। गाँवों में किसी की भी शादी के वक़्त की जितनी भी रस्में देखीं, उनमें बहुत सारे रंग हैं, और वो रंग सबको दिखते हैं। लेकिन वहाँ फिर भी सब कुछ छिपा हुआ था। वे रंग बस कल्पनाओं में सोचे जा सकते थे, हक़ीक़त में उन्हें समाज ने वर्जित कर रखा था।

मैं छत पर टहलते मोर को हर रोज़ देखता हूँ और सोचता हूँ कि कभी भी रिश्तों की डोर में अहम की गाँठें नहीं पड़ने दूँगा। उस डोर में टाँगूँगा उस नासेटू के काते हुए प्रेम के कोइए; बस।

संगीत के साथ चलना कितना सुकून-भरा है। गर्म हवाओं से झुलसकर सुनहरे हो गए रास्ते बादलों को देखकर हरे हो गए हैं। खेतों के बीच से गुज़रती औरतें केदारनाथ सिंह की किसी कविता सरीखी नज़र आती हैं। वे कबीर का कोई भजन गाते हुए जा रही हैं। मैं उनके पीछे-पीछे चलता हुआ उन सब चीज़ों को क़ैद कर लेने की कोशिश कर रहा हूँ, जिन्हें देखते हुए एक अजीब-सी झुरझुरी होने लगती है।

ये औरतें अभी जो भजन गा रही हैं, उसके बोल हैं—*क्यां सोवे रे बंदा क्यां सोवे थोड़े जीवण सारू क्यां सोवे*। मतलब यह कि इतना-सा जो जीवन मिला है, उसे व्यर्थ ना गँवा। इन सब चीज़ों को देखते हुए अब जितनी ख़ुशी होती है, उससे ज़्यादा डर लगता है कि यह सब अब हम खो देंगे। ऐसी पगडंडियाँ, उन पर चलते गीत, खेत-खलिहानों के रंग धीरे-धीरे धुँधले पड़ते जा रहे हैं। बस, इतना कहकर ख़ुद को बहला सकते हैं कि बदलती चीज़ों को रोकना किसी एक के हाथ में नहीं होता।

दोपहरें जलते हुए राख हो जातीं शाम के इन्तज़ार में। शाम जैसे कि शहर की पुरानी इमारतें छाँव का पीछा करते-करते डूब गई हों किसी एंटीक से चाय के प्याले में। और फिर कम होती चाय के साथ डूबते जाएँ आप कहानियों में। कहानियाँ जीवन की, शहर की, बनने और बिगड़ने की, चुपचाप सुनने की, दूर तक चले जाने की, झूठ से भरे लोगों के सच ओढ़ने की कहानियाँ! और इन कहानियों को सुनते हुए हटता जाता जीने की राहों पर छाया धुँधलका। और लगता जैसे दोपहर में चारों ओर उग आए हों घने छाँव वाले दरख़्त।

कल के बवंडर के गुज़र जाने के बाद हवा में बिखरी रेत से सब धुँधला-सा दिख रहा है। रेडियो पर सिग्नल सही से नहीं आ रहा ख़राब मौसम के कारण, इसीलिए लड़खड़ाती आवाज़ में बज रहा होगा। बीच में ब्रेक के दौरान वह आवाज़ नहीं बज रही, टिंग-टिड़िंग-टिंग...

रेडियो की ख़बरें किसी अलग दुनिया की ख़बरों-सी लगती हैं। कितने सरल-से शब्द हैं। संवाददाता बोलते हैं तो जाने क्यों दिमाग़ में टीवी की बहसें घूमने लगती हैं। सहारनपुर और कश्मीर की ख़बरें यों थीं जैसे कोई छोटी-सी घटना हुई हो। अरुंधति रॉय और परेश रावल थे ही नहीं ख़बरों में। टीवी वालों के पास तो ख़ूब वक़्त होता है। शायद इसीलिए रेडियो पर रात की ख़बरें सुनने के बाद सुबह अख़बार का इन्तज़ार रहता है कि मिल जाएँ कुछ मसालेदार ख़बरें, जिनसे होते हों कुछ आहत और कुछ मोहित। टीवी और वेबसाइट्स जितना चरम सुख तो अख़बारों में भी नहीं मिलता। रेडियो पर ख़बरों के आधे घंटे बाद स्थानीय केन्द्र से बजने वाले लोकगीत सारा लोड उतार देते हैं। दिमाग़ में गूँजती रहती हैं तो बस गीत के साथ बजने वाले ढोलक की

आवाज़। रेडियो की ख़बरें बस जानकारी देती हैं, ख़ुद से कुछ पूछने जितनी जानकारी नहीं होती उन ख़बरों में। टीवी की ख़बरों में इतनी जानकारी होती है कि हर आदमी सवाल-जवाब करके जज बन गया होता है। ख़तरनाक वाला जज जो फ़ैसले में गालियाँ देता है।

आज बंवडर नहीं आया। हल्की-हल्की हवा में पानी के पास बोल रहे जिनावरियों की आवाज़ें आ रही हैं। बरगद के धूल ढँके पत्तों के बीच से कोई चमकता हुआ तारा झाँक रहा है। कभी-कभी लगता है, दुनिया हमेशा से इतनी ही ख़ूबसूरत है!

ऐई ऐसे सरक क्यूँ रहे धीमे-धीमे? तुमको भी वाइब्स मिलती है क्या? देखो तो, सिरदर्द छू हो गया! मैं तुम्हें देख रहा था तो कम्बल को भूल गया और आँधी उड़ा ले गई।

मैं आँखें झपझप करता हूँ न तो तुम्हारी मूँछें दिखती हैं और गुलाबियत-सी दिखती है गालों पर। अभी तो सामने थी! कितने आराम से देख रहा था मैं। अब ऐसे हिचकी उठा के पीछे देखना पड़ता है। थोड़े-से पलों के लिए हवा का शोर चुप होता है तब पानी के पास से कितनी प्यारी आवाज़ें आ रही होती हैं। मेढक बोल रहे हैं शायद। इन महीनों में धूल के बीच पानी के जीवों के गीत कितना सुकून दे रहे। देखो ना, वाइब्स मिल गई। चुभने वाला सब छू हो गया। लो चीज़ें देखो तो—एक बरगद नाच रहा है धूल-धक्कड़ से लड़के। बहुत सारे तारे चमकते धूल-जाल से बचके। बरंडी पर तैर रही है रोशनी हल्के-हल्के। चाँद सरकता जा रहा है सिर के पीछे चुपके-चुपके। इधर-उधर शोर कर रहे हैं पत्ते जो रह गए अटके। गाँव सारा ऊँघ रहा है जैसे सबकुछ भूलके।

कोने पर से खिसकता रहता है चाँद हौले-हौले। होती जाती है रात नशीली हौले-हौले। पूछती है हवा जैसे कि सहलाऊँ बाल कि थम जाऊँ। और सन्नाटे में जाने किस आहट को पाकर चिल्लाता है कुत्ता। छत पर टप्पा खाकर कोई सूखा पत्ता माथे पर आकर गिर जाता है। हर कोने से आती आवाज़ें थम जाती हैं। गायें खुरों से धूल उछालते हुए ऊँघने को जाती हैं। मैं चाँद को तकता हूँ चारपाई से। उस देश, इस देश, हर देश एक सा चाँद। किसका चाँद, कौन चाँद!

मैंने कहा, लौट आना आज के चाँद। तय तिथि को मैं बैठा होऊँगा। न बैठ पाया तो पाँव कब के हुए पागल। मैं पाँवों को बहला दूँगा। उँगली के पोरों को क्यूँ देखें आँखें, जब सोचे है ऐसा मन।

दूध-सी रोशनी में चरे हैं ऊँट। काले पेड़ लगे हैं जैसे क़िस्सों के काले भूत। चाँद पे बुढ़िया करे बिलौना। बकरी खींचे खूँटे की रस्सी। पाँव पे चढ़ा पाँव देखे है हँसते होंठों को। और शुभा मुद्गल गाती हैं—*उस रात चाँद फिर लौटा नहीं, रात ख़ामोश करवटें बदलती रही।* होती है ख़त्म एक कहानी, शुरू

होता है क़िस्सा दूजा।

आज़ादियाँ पानी हैं। रेत की नदियों में बहने वाला पानी। बहता है तो बहने देता है और थम जाता है तो रह जाती है रेत। चिथड़े-चिथड़े होती रेत। सवाल मौत होते हैं। ख़ुद से लिये गए फ़ैसलों पर बिजली की तरह गिरते हैं। मैं आक की तड़ी लेकर घूमता हूँ। चिल्लाते हुए 'आक रो डोडो, भीम रो गोडो'। सवाल होते हैं और फिर सलाह होती है, जवाब कभी नहीं सुने जाते। एहसास करवाने की कोशिश होती है। ज़बरदस्ती यह एहसास कि ख़ुद से लिये गए फ़ैसले पैरों पर कुल्हाड़ी होते हैं। मैं पाँवों पर हाथ फिराता हूँ कि कहीं ख़ून निकल रहा है क्या। मैं भागता हूँ रोशनी पड़ने पर भागते हरिण की तरह। और फिर जैसे मैं बच जाता हूँ। सवालों से दूर। एक अलग दुनिया का एहसास लिये। पैरों को आज़ाद किए। अनुशासन की दुनिया से कोसों दूर।

कोई है। दिलासा है। जीवन है। रास्ते हैं। पगडंडियाँ हैं। मैं हूँ। और, कोई है...

बड़ा-सा चमकता सूरज रंग बिखेरता सूखे बोरड़ी के पेड़ के बीच से छोटी-सी पहाड़ी के पीछे छिपता जा रहा है। बोरड़ी पर एक अनजान पंछी आकर बैठ गया है। जाने क्यों पहले तो देखकर हँसी आ गई और फिर पत्थर मारकर उड़ा दिया। सर्दियों के दिनों में ये बोरड़ी पूरी हरी हो जाती है और हरे पत्तों के बीच सूखे पत्ते और टहनियाँ चमकते रहते हैं। पत्तों के बीच झूलते लाल बेरों को सफ़ेद गालों वाली बुलबुल चोंच मारकर नीचे फेंकती रहती है। सामने तने के पास वाला आक चिड़ियों से भरा हुआ है। सूखी टहनियों और हरे पत्तों के बीच से फुदकती चिड़ियाएँ चीं-चीं का शोर कर रही हैं। सूरज डूब जाने के बाद इस पूरब और पश्चिम—दोनों के रंग ऐसे लग रहे जैसे मुस्करा रहे हैं। एक तरफ़ लालिमा है तो दूसरी तरफ़ नीलापन। मैं अपना चेहरा दक्षिण की ओर झूल रहे आक की तरफ़ कर लेता हूँ ताकि दोनों रंगों को सँजोते हुए घर लौटते पंछियों को देख सकूँ। एक छोटे-से हरे खींप को देखता हूँ और पास से पत्थर उठाता हूँ। सपाट-सा पत्थर। काग़ज़ होता न तो इस पर कुछ लिख देता। लिख देता कि क्यों मुलाक़ातों के दौरान मैं करता

रहा तस्वीरें उतारने की कोशिश। मेरा ज़ेहन हर वक़्त कुछ-न-कुछ सँजोता रहता तुम्हें देखकर। मुझे नहीं मालूम क्यों, पर मैं पहली दफ़ा बिना किसी डर के इतना आश्वस्त हूँ। मैंने भी कैसे-कैसे मुहब्बत की। पानी जब बहना बन्द हो जाता है न तो पाइपलाइन के पास वाली हरी घास सुनहरी हो जाती है। मैं ख़ुद को ऐसे ही समझता हूँ।

चाहे कुछ भी हो जीवन में रंग हमेशा हैं। हरा हो या नीला, लाल हो या सुनहरा। बस, इन रंगों में डूबते-तिरते रहना ही तो 'होना' है। सारा हरा-हरा हो तो भी डर लगता है और सारा सुनहरा हो तो आँखें ही नहीं खुलतीं। सारे रंग होते हैं तो मैं पत्थर पर बैठे-बैठे पानी में कंकड़ फेंकता हूँ और करता रहता हूँ याद, तुम्हें...

वह जो रखा रहता है सिरहाने, उसकी यादों का चिट्ठा; पढ़ने के बाद खुली आँखों से यात्राएँ करने निकल पड़ना। नाक की सीध में आकाश के ख़ालीपन को तकते रहना। ऊब जाने पर देखने लगना दाईं आँख की तरफ़ बरगद के उँचले हिस्से पर चाँद की पगथलियों के पास चमकते तारे को। ज्यों-ज्यों बढ़ता है अँधेरा, बढ़ती जाती हैं यादें, चमकते तारों के जैसे। कभी कोई तारा टूटता है और मैं देखकर हँसने लगता हूँ कि कहीं कोई माँग रहा होगा कुछ...मासूमियत कुछ ऐसे भी बची रह सकती है दुनिया में शायद...

भीगने के लिए कोई ज़रूरी है कि ख़ूब बारिश हो। हल्की-हल्की बौछारें भी तो कभी-कभी भिगो देती हैं गहराई तक। काँच के दरवाज़े को किसी उम्मीद से हल्का-सा धकेलते हुए अन्दर पैर रखते हैं तो क़मीज़ पर मँडी बूँदों को देखकर कोई पूछे कि—तुम तो भीग गए—तो चेहरे पर मुस्कराहट तैर जाती है। हाँ, मैं भीग गया पूरा। बैठते हुए आँखें देखीं और भीगते-भीगते डूब गया।

कुर्सियों के चारों तरफ़ कितना कुछ माँडा हुआ था। सब में दिख क्या रहा था, वही न जो देखना था। जो भिगो रहा था। और देखते हुए माथे पर क्या महसूस हो रहा था, बरगद पर से अटकी हुई बूँदें झरकर माथे पर गिर रही हों जैसे। नदियाँ कितनी दूरी तय करती हैं न! भीगने के लिए दूरियाँ क्यों आड़े आएँगी? नदियाँ तो बारिशें नहीं होतीं न। बारिशें कभी-कभी मुँह फेर लेती हैं। लेकिन नदियाँ जब भी बहतीं, सब कुछ भिगोते हुए चलतीं। सड़क के किनारे उन चार पीले पत्थरों के पीछे की ज़मीन जब भीगती तो कैसे सबकुछ हरा-हरा हो जाता। उन पत्थरों के पास से गुज़रती हवा में कैसी नमी

होती है! हवा भी नम होती है क्या दुःखांत कहानियों के लिए और वह भी सालों बाद तक?

नमी में जाने कौन-सा सुकून है जो हर वक़्त भिगोता रहता है। उन कहानियों का प्रेम शायद हवा में घुला रह गया था बरसों बाद भी। जैसे भीगना बचा रह जाता है सालों-साल तक। उजाला ख़त्म होता है और अँधेरा हँसने लगता है। भीगने की महक कुरेदने लगती है कुछ घंटों बाद ही। समय गठरी होता न तो बाँधकर लाद देते काँधे पर और छिड़कते रहते हर महक के साथ छींटे बालों में। हैरानी होती है न यों भींगने पर, कि सब बुनते होंगे कहानियाँ और हँसते होंगे।

भीगने का जो सुख होता है वह अन्धा होता है। अगर अन्धा नहीं भी होता है तो बन जाता है। सोते-सोते करवट बदलकर बालों में हाथ फिराओ तो भीगने की महक फैल जाती है। होंठों पर हँसी तैर जाती है और खिड़की से लगता है, जैसे हवा का झोंका आया हो कोई किसी चश्मे को छूकर। किसी जादूई चश्मे को छूकर। जादूई!

टाँगें बेवकूफ़ हैं, आँखों ने कहा। शिकायतों के काग़ज़ों पर भीगकर स्याही बिखर गई। बारिशें शहर में होतीं और बदन गाँव में भीगता है। मन मूर्ख है, दिमाग़ ने कहा। आँखें देखना चाहती हैं और टाँगें दौड़ना। देखने और दौड़ने से आगे मन भटकने में रमता। आती हुई रेलों में धड़कनें सफ़र करती हैं। धड़कनें जो अटकी रह गईं। बीच राह किसी शहर ठहर जाता दिल। मैं पूछता कि इन्तज़ार में रहूँ...कोई कहता कि कौन हो...

समय रुकता था और समय चलता था। बेचैनियाँ उगती थीं, बारिश के मौसम में सड़क किनारे उग आई हरी घास की तरह। इन्तज़ार मौसम था और बेचैनियाँ घास। बातें बारिश बनकर बरसतीं। इस बार तो ऐसे जैसे रेगिस्तान में सालों के सूखे के बाद बारिश हुई हो। चलने को तरसते पाँवों में रस्सियाँ बँधी हैं।

मन भागता है कभी झूले पर तो कभी पीछे के दरवाज़े से किसी के आने के इन्तज़ार को। बारिश पत्थरों पर अटकी रह गई धूल को धो देती है और लिखा नज़र आने लगता है साफ़-साफ़।

चुप्पी और आवाज़ के बीच जो रास्ता है, उस पर घने पेड़ों की छाँव है। जहाँ चुप्पी और आवाज़ का मिलन होता है, वहाँ सूरज जाने कहाँ से चमक उठता है। कुछ भी छूटता थोड़े है! दीवार पर कोहनियाँ टिकाए समय भी कुछ देखता तो होगा...

इतनी नज़दीकियाँ कि जिस शहर को जी भर कोसा, वही शहर प्यार हो गया...और फिर लगता कि मुझे ही कोई मुझसे छीन रहा हो...भागते पेड़ों के बीच जैसे मैं बिखरकर इधर-उधर गिर रहा होऊँ...

कितने ही नाम हैं जाने-पहचाने कि जिनके साथ दिन सुहाने और रातें रंगीन होती हैं। डर लग रहा है सबसे। जवाब देते नहीं बनता कि मैं हूँ इस शहर में। बस, पड़े रहना चाहता हूँ उन दो चेहरों के पास जो गोद में खेलते हुए 'चेहरे' बने हैं। वे कुछ भी नहीं पूछते, इस सवाल के अलावा कि आप भूखे तो नहीं। मैं हँस देता हूँ जवाब देते हुए—मुझे कब भूख लगती है! रात होते-होते बेचैनियाँ पाँवों में नाचने लगती हैं। मैं स्टेशन मास्टर के कमरे के आगे रखी कुर्सी पर बैठा, सिगरेट के धुएँ को पटरियों की तरफ़ जाते हुए देखता रहता हूँ। फाटक बन्द होता है तो पैदल चल रहे लोग थोड़ा-सा झुकते हैं और निकल जाते हैं, जो सवार होते हैं इन्तज़ार करते रहते हैं रास्ता खुलने का। ख़त्म हो चुकी सिगरेट को देखकर दूसरी सिगरेट जेब से बाहर आ जाती है। आस या पास कुछ भी नहीं, जो जला दे इसे। नीचे पड़ा सिगरेट का टुकड़ा चमकता है और

झुककर दूसरी सिगरेट को चूम लेता है।

महीनों पहले की वह रात जाने कहाँ से उतर आती है पटरियों पर झूलती हुई। पिघलती बरफ़ के बीच, नशे में झूमते शरीर ने चिपके होंठों को दूर करते हुए चाह की थी कि यह भारीपन न होता तो गले पर प्यारा नीला रंग उभर आता। नशे में ही उसने एक नाम लिया कि यह नीलापन उस पर कितना फबेगा। पागल हो गया था मन उस रात। दूर अँधेरे में पिघलते हुए पहाड़ को देखते वह रात-भर बालकनी पर सिगरेटें झाड़ता रहा। यह नाम क्यों लिया उसने? क्या माथे पर लिखा रह जाता है ज़ेहन में अटका रह गया नाम? नाम ने उतार दिया सारा नशा जो नशे को काटने के लिए नसों में घुला था। ख़ुद को बचाने के लिए लकीर खींच दी उस रात और भाग आया था फिर किसी के पास आने को नकारकर।

बन्द दुकान की सीढ़ियों के नीचे से सिर निकालकर कुत्ता अजीब-सा लुक दे रहा है। सड़क पर ठहरे रह गए पानी में रोड लाइट ऐसे चमक रही है जैसे पूरा चाँद हो। सुनहरी रेखा तक ख़त्म हो चुकी सिगरेट ने होंठों को जला दिया। पानी में झाँकते चाँद के छलावे पर सिगरेट फेंकी तो हल्की-सी आवाज़ के साथ चाँद गड्डमड्ड हो गया। सिगरेट का बुझा हुआ टुकड़ा पानी पर तैर रहा है। मन नहीं समझता, समझाने पर भी। ऐसे कैसे लौटा जा सकता है? मैं सोचता हूँ कि मेरा होना ज़रूरी है।

कुछ छोटे-छोटे शब्दों से मिलकर बना एक वाक्य अन्दर तक ढहा देता है। जैसे शान से खड़ा था कोई पेड़ और गिर गया भरभराकर। यह सुकून न होता तो मैं होता? वक़्त कभी नहीं बीतता क्या या बीतते हुए भी रुक जाता है कोई सज़ा देने के लिए। पानी पैरों से होकर झरता है और मैं सोचता हूँ कि साथ ही झर रहा होगा अन्दर का कसैलापन, लेकिन वह ज्यों-ज्यों अपनी जगह छोड़ता है, अझेल दर्द होता है। नहीं समझ आता कि कौन किसके लिए क्या कर रहा, लेकिन सवाल है कि ख़त्म ही नहीं होते। पानी कैसे बहता जा रहा। जो पानी का नहीं, वह या तो नीचे मिट्टी से जा टकरा रहा या किनारे आकर निकल जा रहा, जो पानी का है वह साथ ही बहा जा रहा।

पानी कितना प्यारा है! यह भी तो सूख जाएगा जब छूट जाएँगी रेत-भरी आँधियाँ। सब तो अपने-अपने सूखेपन के मारे हैं, फिर भी कहीं-न-कहीं ढूँढ़ लेते हैं हरापन।

जानां, सवाल चुभते हैं।

दूर दीवारों पर चमकती रोशनियों से, आसमान से उतरते तारों से, उड़कर ढकते बालों से, छिपकर आती चीख़ों से परे मैं बस भागता रहता, खोया हुआ, शाम के गीतों में। सोचता हूँ कि समझ रहा हूँ ख़ुद को, जबकि किसी के होने पर हो जाता हूँ नाकारा। जैसे फूल उगते हैं और झड़ जाते हैं घटनाओं पर होने वाली क्रान्तियों की तरह। पर वैसे नहीं। मैं हूँ और हूँ हमेशा। पेड़ को साथ न रखने के मलाल में ढूँढ़ते हुए छाँव के निशान।

हर बीतते दिन के साथ कितनी ज़रूरतें पैदा होती जाती हैं! इस तरफ़ जाना है तो यह करना ज़रूरी है। उस तरफ़ जाना है तो वह सीखना ज़रूरी है और यह सब करते हुए—

कुआँ था रेगिस्तानी चड़सी डुबाता गया मैं
जीने की कोशिशों में ख़ुद को खपाता गया मैं।

इन नाकाम कोशिशों में खपते-खपते जाने कब हम ख़ुद से प्यार करने लग जाते हैं और फिर सवालों के घेरे में आ जाते हैं। तुम इस तरह अकेलापन क्यों जीते हो, तुम चुप क्यों रहते हो, तुम फ़ोन क्यों नहीं उठाते, तुम्हारे सम्बन्ध लोगों से ख़राब हो जाएँगे—और इन सवालों का कोई जवाब नहीं होता। काश कि सब चीज़ें कैर चुनने और बेर झाड़ने की तरह होतीं। जाते और अपने हिस्से का बेहतरीन चुनकर झोली में डाल ले आते और बाक़ी किसी और के हिस्से का छोड़ आते।

जब भी बिखरे कमरे को देखता हूँ तो ख़ुद पर ग़ुस्सा होने लगता हूँ। सोचने की शक्ति जिस वेग से बढ़ती रही है, सोचा हुआ करने की शक्ति उसी वेग से घट रही है। ख़्वाब बुनते-बुनते कब सूरज ढल जाता है,

पता ही नहीं चलता। कितना कुछ अधूरा पड़ा है जो जाने कब पूरा होगा!

कुछ किताबें, अख़बार और कुछ मैसेज—जो एक क्लिक को तरसकर रूठे पड़े हैं। सोचता हूँ कि इनमें से कोई एक काम यह लिखे जाने तक पूरा हो जाए। रेगिस्तान में ख़ुशियों के कितने बहाने हैं और हरियाली में एक बहाने की ओर क़दम बढ़ाने के लिए इतना सोचना पड़ता है।

आख़िरी बार कब पी थी—इस सवाल के आते ही सोचने लगता हूँ कि हर चीज़ के कितने रूप होते हैं। पीने वालों को ही देख लीजिए, फिर इतनी पाबन्दियाँ क्यों हैं! मुझे याद है वह धुआँ जब होंठों को छूकर तुम्हारे बालों में खो गया था और तुमने ख़फ़ा होने का नाटक करते हुए अपने होंठों से उस धुएँ को रोक लिया था। वे ख़्वाबों के दिन थे। कभी-कभी ख़्वाबों में जीना अच्छा लगता है। किसी को नज़र भर देखना, किसी किताब को पूरा पढ़ जाने के बराबर है और उस दिन एक किताब पूरी हो गई थी।

दीठा जद झूलता केश,
झिरमिर झिरमिर बरस्यो घणो रे हेत।

चुप्पियों के सिरहाने रखी बोतलों में भरी रहती हैं उदासियाँ। आसपास बिखरे मोरपंख पूछते हैं सवाल। काश कि श्रापित लोग भी दे सकते श्राप, उन्होंने जो रट रखा है कि जितनी नफ़रत तुमको ख़ुश रहने से है, उससे दोगुना बहाने हों ख़ुश रहने के। यों भी कोई जुल्म करता होगा क्या? एक दिन मैं ढूँढ़ लूँगा श्राप की काट किसी आत्मा की छाँव में। और चेहरों पर बिखरने लगेगा भौचक्क देखते तारों का नूर।

दीवार पर लटकती कठपुतलियाँ हवा की सिहरन से काँपती हुईं मुझ पर हँसती हैं। मैं चाहकर भी नहीं हो सकता हूँ उस जगह, जहाँ मुझे होना चाहिए। शाम में मैंने पाँव दीवार पर टिकाए इन्तज़ार में तो जाने क्यों आसमान नीला हो गया। कम-से-कम मेरे हिस्से खिड़कियों का सुख आया था, जिनसे झाँकते हुए मैं देख सकता हूँ अपने मन का।

इन दिनों इत्ते सपने आते हैं। सोचता हूँ, कभी जागते ही मैं खिड़की से देखूँगा और मोर की जगह कोई हाथ दिखाई देगा, खिड़की में रखी 'चकमक' मेरे सिर पर मारता हुआ। ये इन दिनों के सपने हैं। परसों रात बरगद की सबसे ऊँची टहनी पर लेटा हुआ था और अचानक से कोई बड़ा-सा पंछी मुझे उठा ले गया। मैं बादलों में तैरते हुए रास्ते-भर हँसता रहा। उस पंछी ने मुझे चट्टान के पास पटक दिया और मेरी पीठ में भुरट चुभ गए। चुभन से जागा तो टहनी पर सफ़ेद गालों वाली बुलबुल पत्तों से चुहल कर रही थी। यह सुबह का सपना था और जानते हो, चट्टान कौन-सी थी!

...और फिर नींद नहीं आती। अँधेरे का अपना सौन्दर्य है। देखो ना, अभी सन्नाटे ने कुछ कहा। रात मेला था। मैं कोने में चुपचाप खड़े होकर देखता रहा और मुस्कुराता रहा। नींद में भी फ़ोन देखता हूँ कि बज रहा है। कोई जीतता-हारता नहीं है, पर कुछ ख़त्म हो जाता है। मैं लाख रोकता हूँ, पर रिक्तताएँ दोस्त हुई जाती हैं। व्यस्तताएँ तरस नहीं खाती हैं इन्तज़ार पर।

ये फूल अचानक यों सूख क्यों गए? मुझे डरावने सपने आते हैं कि कोई बचा लेगा। क्यों?

पतली-सी पगडंडी थी या यों कहें कि वही रास्ता थी। हल्की हरी दीवारें मुझे बचा लेती हैं हर बार। सारी रात खिड़की की बाँहों में झूलता रहा नशा। बरगद छत पर रहता था और छत के नीचे खिड़की। मैं गाने सुनकर रो देता हूँ। यों भी याद किया जा सकता है क्या किसी को? मेरा कसूर नहीं था मेरा होना, जबकि तुम्हारा कसूर था मेरा न होना। मैं हारकर गुस्से में एक बात दीवारों के सामने बक आता हूँ। आदमी पहले बाप होता है और औरत प्रेमिका, मैं ये फिर कह रहा हूँ।

रास्ते डरते नहीं थे चलने वालों से। दीवार और सड़क के बीच पेड़ था, कोने पर खड़े कुल्फीवालों से एक तरफ़ अकेला। दीवार की दूसरी तरफ़ सूखे पेड़ के किनारे घास फैली थी और एकान्त था। इस शहर में एकान्त भी ऐसा होता है। शहरों ने जगहें छीन ली थीं उन लोगों से जो जादूगर थे और रूमाल दिखाकर चुरा लेते थे होंठ। सड़क और दीवार के बीच रास्ता था और पेड़ के पास जगह थी। राहगीरों की नज़र से बचे हुए वक़्त की बातें छिपा लेने जितनी जगह। जिन्होंने मुहब्बत की, उनके लिए जादूगरों जितना भी एकान्त नहीं बचा था शहर में। चलते हुए पाँवों ने सुनहरे बालों को देखा और मुस्कराकर रुक गए। मुश्किल होता होगा न पाँवों के लिए हर बार जूते बदल लेना? मैंने कहा, साथ में होना कितना सुखद होता है! उसने जो कहा उसका अर्थ था कि साथ में होना झूठ होता है। काश कि दिल भी आँखों जितना ही भोला होता!

पैरों में पर होते तो पेड़-पेड़ फुदककर उन रास्तों पर हो आते। वे रास्ते जीवित से लगते हैं। कई बार मुस्काते दिखे, कितनी बार अँधेरों में उदास रोड लाइटों को तकते दिखे। इन रास्तों ने इन मकानों पर चढ़े, मकानों वाले भीड़-भरे शहर में उगते और डूबते सूरज को देखा है। पहाड़ियों पर सपने देखती उनींदी आँखों को डूबता सूरज देखकर हँसते देखा है। अकेलापन ओढ़े ठिठुरते पाँवों को नापते हुए जाने कैसे चुपचाप देखते रहते हैं ये रास्ते। मैं उड़ जाता बिना पंखों के भी कि काश, रास्तों पर फिरते पाँवों ने छोड़ दी होतीं चुप्पियाँ।

शाम-भर सोचता रहा कि दिनों बाद मैं किसी से आज लम्बी देर तक बात करूँगा। आख़िरी बार मैंने किसी से फ़ोन पर कब बात की थी, मुझे याद नहीं। हाँ, एक दोस्त को किया था और उसने नहीं उठाया था। एक दोस्त का आया था भागते-दौड़ते, याद नहीं, जाने क्या बात की थी! और फिर मैं घंटों कॉन्टेक्ट लिस्ट देखता रहा। शाम में कोई बिस्तर से उठा ले गया। मैं उसकी बातें घंटों सुनता रहा। हम सब जीवन में क्या कमाते हैं? मुझे यह आज तक नहीं समझ आया। वह सोचता है, आपके जीवन में कितने बड़े-बड़े लोग हैं, यह आपकी सफलता है। मैं शायद कोई दो साल बाद उसके साथ बैठा हूँ। एक पैग से ही मेरा मन उकता जाता है। दारू से नहीं, उसके साथ से। लड़कियाँ, राजे-महाराजे, नेता—ये सब आसपास होना और उनके जैसा होना उसके लिए कितनी गर्व की बात है! मैं हर बार उसे टाल देता हूँ कि किसी तरह वह मुझे घर छोड़ दे। मैं उसकी तरह कभी हो ही नहीं पाऊँगा। छोटी-छोटी बातों पर किसी को भी गाली देना, पीट देना, राह चलते लोगों के साथ बदसलूकियाँ कितनी आसानी से करते जाते हैं ये लोग! शायद दूसरों की तकलीफ़ें उनकी

कमाई हैं। आप अगर समझाते हैं तो 'बदल गए' या 'पागल हो गए' क़रार दे दिये जाते हैं। मैं हमेशा सोचता हूँ कि संवेदना कमाना और जब सबकुछ ख़त्म हो रहा हो, उस वक़्त कोई हो, जिससे बात करते हुए सोचना न पड़े, ऐसे किसी का होना ही सबसे बड़ी कमाई है।

अभी फ़ोन रखते हुए फिर से मैंने कॉन्टेक्ट लिस्ट देखी। सोचता हूँ कि कितना असहाय हूँ मैं...

पाँवों के किनारों पर कसती पट्टियों को देखकर सड़क किनारे बिछ गई थीं जो आँखें, नशे में देखे जाने पर झेंप गई थीं जो आँखें, दुआ माँगते हुए पोरों को नम कर गईं जो आँखें, देर की चुप्पियों पर आसमान में खो गईं जो आँखें, ख़ुद को ढूँढ़ रही हैं वो आँखें...

वो आँखें कहती हैं, कुछ भी मत देखो कि ठहर गई हैं आँखें...कितनी चुप्पियाँ हैं...सोने और पढ़ने के बहाने होते तो ये आँखें होती ही नहीं...

चुप्पियाँ चाँद बनकर डूब जाएँगी एक दिन। जैसे बरगद पर रंग उतर आते हों चाँद की लकीरें देखकर। सुनी होगी बरगद ने भी किसी रात कहानी— *चाँद पर करती है इक बुढ़िया बिलौना*।

वह जो डोर बँधी है टूटते तारों से, हर बार खिंच जाती है जब टूटता है कोई तारा।

टूटता हुआ तारा अचानक से सरक जाता है सिर पर ओढ़े हुए दुपट्टे-सा। किसी दिन ऐसा हो कि टूट जाएँ सारे तारे और मैं डोरों में उलझकर हवा में उड़ जाऊँ। रुई के फाहों-सी जो एक और दुनिया है, उसमें कहीं गुम हो जाऊँ और फिर वापिस से बस जाए तारों की दुनिया। सोऊँ तो तारे दिखें और जागूँ तो ज़मीं। एक दुनिया से कटने और दूसरी दुनिया में रम जाने के बीच जो फ़ासला है, वहाँ चौराहे पर खड़े रहते हैं जम के दूत। शायद चौराहा पार करने के बाद की दुनिया ख़ूबसूरत होती होगी! चुप्पियों के शहर में हमारी 'हनुमान टेकरी' नहीं होती होगी न? अच्छा है, पागल होने को कोई बहाना नहीं बचेगा।

छोटे बेर वाली बोरड़ियों की लम्बी क़तारें। बीच-बीच में आक और कैर की झाड़ियाँ। दूर कहीं टीले, तालाब और खेत के धोरे के पास दीखते खेजड़ी के घने हरे पेड़। इन सबके बीच तपती दोपहर को ज़मीन काँच की तरह चमकती। ज़मीन पर गोल-चपटे, रंग-बिरंगे, छोटे-छोटे पत्थर। कहीं-कहीं थोड़े बड़े पत्थर जो किसी ज़माने में लकड़ी हुआ करते थे। इन छोटे-छोटे, रंग-बिरंगे पत्थरों को मैं एक के ऊपर एक चुनता जाता या फिर चौकोर ज़मीन साफ़ करके उसके चारों ओर छोटी-सी दीवार बना लेता। जब खेलते-खेलते जी भर जाता तो जेब में भर लेता। काँच-से चमकते ये पत्थर बहुत प्यारे थे। गुड्डे-गुड्डियों से भी प्यारे। पर कभी-कभी शैतानी पर उतर आते थे। जब मैं इन्हें बड़े पत्थर से कूटकर, चुटकी में लेकर उल्टे हाथ पर रगड़ देता, तब ये चुपके से मेरे हाथों को रंग देते ख़ून से। इतनी बारीकी से होती थी इनकी शैतानी कि मैं ख़ून देखकर हँसने लगता था।

सुनो गेंचियो, बहुत याद आते हो! इस बार सालों बाद तुम्हारे देस आया था। मैंने तुम्हें देखा ही नहीं। तुम्हारे

जैसे ही, शायद तुम्हीं में से कोई मुझे दिख जाते हैं शहरों में भी। किसी होटल की लॉबी में सजाकर रखे हुए या किसी कैफ़े में छोटे-छोटे रास्तों पर पसरे हुए। उनके साथ खेल नहीं पाता हूँ। वे पुकारते भी तो नहीं हैं तुम्हारी तरह। इस बार आऊँगा न तो जेबें भरकर साथ ले आऊँगा। रख दूँगा बाल्कनी में गमले के पास। फिर हर शाम बातें करूँगा तुमसे। तुम्हें धुआँ बुरा तो नहीं लगता न?

लगाव की डोर है जो सोने नहीं दे रही और जैसे फ़ोन ने मेहरबान होकर पूछ लिया—झपकियाँ लोगे? पूछना क्या था कि उसके बाद वह बन्द ही हो गया। जबकि कैब तब नक़्शे में जाने कौन-सी जगह घूम रही थी। मेट्रो ने कहा, एक स्टेशन पहले उतरना पड़ेगा और अगली मेट्रो प्रेमिका हो गई। छत्तरपुर स्टेशन के गेट उल्टे घूम गए। बस किशनगढ़ के बजाय प्रिया पीवीआर पर रुकी। जेएनयू के गार्ड शायद बन्द फ़ोन को सूँघ लेते होंगे। बीच सड़क नींद ब्रेक के चीख़ने से खुली होगी। बी-1 और बी-5 पर बड़े-बड़े ताले थे, जबकि चाबी जेब में थी। चाबियाँ अगर बोलतीं तो बंजारे मर ही क्यों जाते! और वह चाबी बोलती भी क्यों भला, वह तो चिंचोली बांदर सूँघ रही थी। ऑटो वाला कहता है—'आज ख़ूब सर्दी है।' पर क्या सर्दी, आज तो हिचकी है ख़ूब। मैं सोचता हूँ, इत्ती देर में कोई हिचकी थोड़ी न आती है; पर हिचकी है कि रुकती ही नहीं।

जाते और आते साल के गिनती के दिनों में तीन शहरों ने पूछा, तुम्हें कौन ख़ज़ाना मिल गया जो यूँ ख़ुश

हो। मैंने कहा, उलाहनों से दुपट्टों के रंग थोड़े न उड़ जाते होंगे!

कितनी अजीब बात है! उसी रात मुझे वह शब्द मिल गया, जिसे मैं दिनों से ढूँढ़ रहा था। जिसे आह, *Sigh* या *निसाका* लिख रहा था। वह शब्द उसाँस है। भीतर से उठती हुई उसाँस। जानती हो, तुम्हारी हल्की-सी भी याद कहीं से फिरती हुई मन की दीवारों को छूती है तो उसाँस पास में बज रहे गीत में घुल जाती है। मैं हँसने लगता हूँ। जाने क्यों, हम ख़ुदा होने की कामना करते रहते हैं!

रसोई के कोने में कठान्तरा बना होता था जिसमें दूध, दही, मक्खन, छाछ, घी रखे होते। उसके ऊपर एक छोटी-सी खिड़की होती थी। रसोई मिट्टी की होती। उन दिनों जब यहाँ पर बिजली नहीं थी। दोपहर में जब मैं लकड़ी का बड़ा-सा दरवाज़ा कन्धे से उठाते हुए खोलकर रसोई में घुसता तो बहुत देर तक खिड़की को देखता रहता। तपती दोपहर में हल्के अँधेरे में सूरज खिड़की से दरवाज़े तक एक तिरछी नदी-सी बना देता, जिसमें छोटे-छोटे धूल के कण घूमते रहते। यह सब उतनी जगह में ही दिखता, जहाँ तक सूरज की रोशनी पड़ रही होती। मैं किरणों की उस नदी से खेलने लगता। खिड़की को दोनों हाथों से ढकने की कोशिश करता तो वह रोशनी अँगुलियों के बीच से निकल जाती। एक कोने में बिल्ली के बच्चे मुझे चुपचाप देखते रहते थे। खेलते-खेलते थक जाता तो छाछ पीकर भाग जाता था बाहर लाल पाके खाने।

ये दोपहरों के होने की बातें थीं...मेरे होने की बातें थीं...

जीवन में रंगों का होना क्या होता है? शाम में आसमाँ को तकते रहते हैं लगातार घंटों। दिमाग़ ठहरा-सा होता है। दिन-भर ऐसे लगता है जैसे अर्द्धचेतन-से हैं। ऐसे दिनों में अचानक आपको एहसास हो आपके होने का। आप किसी के लिए जितने हैं उतने ही ख़ुद के लिए भी हैं। कभी कल को लेकर धागे नहीं बुने, क्योंकि नहीं मालूम, डोर कितनी लम्बी है। जितनी डोर आज है, क्यों न उसमें ही सुन्दर रंग भरे जाएँ? क्यों न उन धागों को आज के लिए ही बुना जाए?

ऐसे बुनते-बुनते कितना सुन्दर हो जाता है जीवन, हर आने वाले कल के इन्तज़ार में...तुम्हारा होना ही तो है जीवन में रंगों का होना...

कई बार हम ख़ुद के बनाए हुए दिमाग़ी जंजालों में इतने खोये होते हैं कि थोड़ा-सा भी कुरेदे जाने पर रेत की तरह भसककर बह जाते हैं। हम वह सब उगल देते हैं जो दिनों से हमारे हिये को दीमक की तरह चाट रहा होता है। और तब कितना बुरा होता है, जब कुरेदने वाला हमारे सच अख़बार बनाकर बाँट दे। वह सच जिसे सिर्फ़ हम ख़ुद समझ सकते थे, जो दुनिया के लिए असहनीय व संस्कृति को डुबा देने वाले सच थे, राहों पर चलते हुए ऐसे लगता है जैसे लोगों की नज़रों में अजूबा हो गये हों हम। कितना बुरा था, हर निगाह का सवाल हमारी ओर उठ आना। अब कोई यह कहता कि हम इतने चुप क्यों हैं तो हम अपने ही काँधे पर सर रखकर रोने लगते।

कन्धे बन जाना या कन्धे बनाना इस दुनिया का सबसे बड़ा धोखा था।

दिन ऐसे थे कि हरे हुए पेड़ पर निजबर कुरटता गाता पंछी, जैसे कि शाम ने सारे रंग भर लिये रेत के छोर पर। जैसे मैं गाने लगा था बिना होंठों को खोले ही। जाते वक़्त उलझकर गया और आया तो बँधकर लौट आया। बन्धन क्या कि जो खोलकर रख दे ख़ुद को, ऐसे कि आकाश ने बाँध लिया हो पिंजड़े से निकालकर कि उड़ो अथाह उड़ो। और भरे आकाश में दिखता क्या है—दो हिरण-सी आँखें, खिले फूल-सा चेहरा, हँसते बाल, गीत कहते होंठ!

याद करूँ तो क्या सोचूँ—साफ़ पगडंडी पर तारों भरे आसमान ने छाँव की है और झरोखे में झर रही है मिश्री। बड़े-से दरवाज़े से हवा आती है और खिड़की से निकल जाती है। अख़बार, किताबें, दरवाज़े हवा से बातें करते रहते हैं। और बीच-बीच में चिल्लाने लगते हैं। लाइट न होने का कमरे को कोई फ़र्क़ नहीं पड़ता। बस, लैपटॉप बुझा-सा पड़ा रहता है। कौवा बरगद पर यों ही गा रहा है। चिड़िया खिड़की की जाली में यों ही लटक रही है। हवा यों ही दरवाज़ों और खिड़की के बीच टहल रही है। किसी ने कहा कि

सबसे ताक़तवर वह होता है जो शान्त रहता है। जिसमें बदले की भावना नहीं होती। सही तो कहा है, कितना अच्छा होता है न कि बदला लेने के बजाय आप उसे देखकर हँसते रहें या फिर उसे देखना ही बन्द कर दें!

घुटने पड़े-पड़े किताबों को देखते हैं। जाने कितना कुछ दर्ज है इन किताबों में। किताबों में कितने उदाहरण है कि जिन्होंने पा लेने की कोशिश की, वे ख़ुद को ही खोते चले गए।

दोपहर में उनींदी आँखें कानों को बन्द करते हुए प्रेम कविताएँ पढ़ने लगती हैं। प्रेम में होना सुखद है कि दुखद, यह कभी तय नहीं कर पाता हूँ; ना ही किताबें पढ़ते हुए और न ही जीते हुए। जैसे कोई कविता कह रही हो, हम आसपास बाँहों में झूलती प्रेमिकाओं से कभी प्रेम नहीं कर पाते। बस, चलते रहते हैं जाने कौन-सा प्रेम पाने को। दरवाज़े के चौकोर ख़ानों में जैसे चिपका दी गई हो कोई तस्वीर जो हर तस्वीर को कर देती है अनदेखा।

मज़दूर दोपहर में पत्थर पर हथौड़ा मारता है और गुम्बद पर बैठे पंछी उड़ जाते हैं। गाँव के बीच से गोता लगाकर फिर से किसी आवाज़ के इन्तज़ार में, गुम्बद के पत्थरों की छाँव में, ऊँघने लगते हैं। प्रेम उड़ता रहता है और दिलासा पाकर फिर से सुखों की छाँव में ऊँघने लगता है, यादों के दुखों के इन्तज़ार में। जैसे बंजारे कहते थे, दुख दिन हैं और सुख रातें।

फ़ोन बैग में डालकर बार के अन्दर देखने लगा। आज भी कुर्सियाँ ख़ाली। इस तरफ की ही ख़ाली हैं वैसे बाक़ी सब पर तो लोग बैठे हैं। बातें कर रहे हैं, हँस रहे हैं, मस्ती कर रहे हैं। मेरे सामने की तरफ़ कोने में एक लड़का और लड़की चुपचाप पी रहे हैं। देखता रहा बहुत देर तक। दोनों चुपचाप पीते रहे। बीच में एक-दूसरे को देखते और चेहरे पर हँसी तैर जाती। जैसे खेत में अभी उगी फ़सल पर हवा का कोई झोंका गुज़रा हो पर कुछ भी इधर-उधर नहीं, सबकुछ यथावत। यह चुप्पी और हँसी कितनी प्यारी है! ऐसा लगता है जैसे दोस्त भी हैं और अजनबी भी। जीवन भी न ग़ज़ब शै है!

वह पूरा रास्ता ही तो था...सूखे पेड़ों पर डरावने-से बादलों के साये थे...ऊपर की डाल पर बैठा कौवा कितनी देर से जाने क्या ताक रहा है...सब अपने बारे में ही तो सोचते हैं...इन पेड़ों के सारे पत्ते और फूल रास्ते पर बिखर गए हैं...इन सूखे पत्तों को हथेली में भरकर मसलने से कितनी प्यारी आवाज़ आती है!

इधर-उधर रास्तों से सवाल पूछते हुए देखा कि काले बादल पीछा कर रहे हैं। मैंने नज़रें ज़मीन पर झुका लीं। मुझे लगा, यह देखने भर का ही तो डर था। शायद देखने भर का ही। मुझे लगा, मैं समझा सकता हूँ ख़ुद को। सब कुछ होना, सब कुछ बचे रहने जितना, ज़रूरी नहीं होना चाहिए। पंछी बेचैन थे, जैसे काले बादलों ने घेर लिया है उनको। मैं उस परिवेश की निर्जनता में बाधा था शायद...डर काले बादलों का था...

वह रास्ता ख़त्म हो गया था, पर मैं कहीं पहुँच नहीं पाया। बीच में ही था या फिर किनारे पर, तो भी रास्ता ख़त्म नहीं हुआ था। मैं तसल्ली देने वाली कविताएँ पढ़ रहा था। सिर्फ़ कविताएँ।

कोशिश कर रहा था कि पढ़ सकूँ चुप्पियों को, पर उन कविताओं में पढ़ने को कुछ नहीं था। वे सिर्फ़ चुप्पियाँ थीं। एक डरावना सवाल लिए हुए चुप्पियाँ। रास्ते भीड़ से भरे हुए थे। लड़ने वालों की भीड़ से। मैं भी लड़ रहा था ख़ुद से! ख़ुद को बचाकर छाँव तक ले जाने के लिए।

यह तो पतझड़ का मौसम था। सोचता हूँ कि सच में मौसम अपनी तय उम्र ही जीते हैं। मुझे भरोसा नहीं होता। कभी-कभी ऐसा लगता है कि मौसम बदलने की आहट हुई है। सूखी डालों पर पत्ते खिल आते हैं और उन पत्तों पर ठहरी पानी की बूँदों को हाथों से उछालकर जैसे कोई ले आ रहा है मौसम को, क़मीज़ पकड़कर खींचते हुए। जैसे उस शाम लगा, मौसम की क़मीज़ का छोर मेरे हाथों में पकड़ा दिया है। पेड़ रंगों से भर गया था। पार्क की घास पाँवों में गुदगुदी कर रही थी। सबकुछ खिलखिला रहा था। मुझे लगा, चुराकर रख लूँ इस मौसम को। पर मौसम को नहीं आना होता है तो वह नहीं आता। चुराने से भी या क़मीज़ का छोर पकड़कर खींचने से भी। वह आता है, गर्म दोपहर की किसी ठंडी बयार-सा और भिगोकर ठहर जाता है।

अब जाने कब बदलेगा मौसम!

कलाई पर सिगरेट की उड़कर गिरी राख जलाती क्यों नहीं है! पाँव पड़ने पर भी नहीं काटता है साँप! वे कह रहे थे कि रोशनी ज़रूरी है। रोशनी से आपके अन्दर की बुराई ख़त्म हो जाती है। जबकि आज शाम भर लाइट नहीं थी और सब कुछ कितना ख़ूबसूरत था! चाँद कितना ख़ूबसूरत लग रहा था, पतली लकीर-सा! और उसके पास का तारा जैसे मुस्कराहट के पास चमकता तिल। तारों से भरे आसमान और चाँद की हल्की-हल्की रोशनी में चमक रहे थे रेत में हरे हुए पौधे। जैसे सबकुछ अच्छा हो रहा था। बुख़ार को भी भूल गया था मैं तो, खोया-सा देखता रहा देर तक आसमान और ज़मीन के ज़ादू को।

बंजारे होते थे तो खो जाते थे पाँवों की उँगलियों के बिछूड़ियों से चमकते तिलों में...

चीज़ें वाक़ई अलग थीं। सब कुछ होकर बचे रहने से भी अलग। लैम्पपोस्ट की रोशनी से छिपकर जाने किसका इन्तज़ार करती हैं बैठने की जगहें। दिनों बाद का मिलना थकावट से झगड़ता है। अच्छा है; चुप्पियाँ नसों में उतरती है तो सोचना बन्द हो जाता है। जाने क्या झूठ था, और क्या सच; पर होने पर जो था वह तो सच ही था।

सब कुछ नेक्स्ट लेवल था। आसमान देखो। दिमाग़ी रूप से बीमार चाँद तीसरे रोज़ का होता होगा, पर आज चमक है। शुटू के गले के नीचे बन्दूक़ है। मेरे हाथ में होती तो बिना हाथों वाले से तुलना करने वाले की पगथलियों के पार उतरती। पंखे की बारह ताड़ियाँ हैं, पूरे दिन में एक-एक घूमती देखी। कौन जिनावर यों जूतों में छिपकर इतनी आवाज़ भर देता है कमरे की रिक्ति में। खूँटियों पर गंध टँगी है रास्ता रोककर।

यह रात के साढ़े ग्यारह बजे का ब्रश है, कल की रात को धोने के लिए। चले जाना बार-बार कि एक बार...

मन बहुत सपने देखता है। चीज़ों को अपने हिसाब से डिसाइड करता है। ऐसे होगा, वैसे होगा; और जो हो रहा होता है, वह मन का न हो तो भागता है। जैसे बादलों को देखकर मैं पागल हो जाता हूँ। आज आसमान साफ़ है। फिर भी ऐसा लग रहा जैसे सब तरफ़ काले बादल हैं। मुझे कोई बाँध रहा है और मैं भाग रहा हूँ रस्सी तोड़कर। जाने कितनी लम्बी-लम्बी रस्सियाँ हैं। घुटने छिल जाने जितनी लम्बी।

फिर से फ़ोन क्यों आता है सवालों से भरा हुआ! सबकुछ धूसर होना चाहिए। ज़िन्दगी की तरह। रिश्तों की तरह। मन क्यों नहीं धूसर हो जाता है? पता नहीं, जगहें अपने-आप में सुन्दर होती हैं या किसी के साथ होने से सुन्दर हो जाती हैं!

साथ की सुन्दरता से महान क्या होगा भला?

थोड़े-थोड़े हर जगह बचे रह जाते हैं न हम!

उस ख़ाली जगह की हरियाली पर ख़ूब धूप थी। मुझे लगा, यहाँ पर कुर्सियाँ होंगी और सामने बैठे किसी चेहरे के भावों को पढ़ रहा होऊँगा मैं। किसी के होने या ना होने या दूर होने पर उसका होना कैसे बचा रह जाता है हमेशा...

मन कितना दुखता होगा न जगहों को स्किप करते हुए...मन से सोचने वाले लोग किसी विलुप्तप्राय प्रजाति की तरह हैं जिनके साथ हर कोई तस्वीर खिंचाकर सहेज लेना चाहता है कि उसके विलुप्त होते ही सहानुभूति के साथ चिपका दें वह तस्वीर।

उदासियाँ उनकी परछाइयाँ थीं और रातें सुख। उनकी चाहनाओं में था दिमाग़ से सोचना, पर मन से सोचने वालों की चाहनाएँ उनकी ख़ुद की मजारें ही सुन सकती थीं...

शहर के किसी-किसी रास्ते की भीड़ से गुज़रते हुए सुकून को समझा जा सकता था। कहीं-कहीं एकान्त का कोलाहल भी कितना विकराल होता है!

उन थोड़े-थोड़े टुकड़ों से जो रास्ते खिले थे न, वे छाँव ओढ़े राह देखते थे। थड़ियों के किनारों पर। यह सही था कि क़िस्से थे, हम हँस सकते थे ग़ुस्सा होने के बजाय। देखो, चुपचाप चले जाने को या झूठी बातों को ऐसे भी तो माफ़ किया जा सकता है न!

वह शहर ही रंग था, उसकी बातें भी रंग थीं। आकर देखना, क़िस्सों से सब रोने को हँसा देंगे।

अपनी बची हुई जमापूँजी से मैंने दो सिगरेटें ख़रीदीं। एक से ख़ुद को फूँका और दूसरे से प्रेम को।

अब मैं शायद वह हूँ जो पहले कभी था या कभी नहीं था।

उन तंग रास्तों के पार कोई दुनिया बसती है क्या? वे रास्ते ख़त्म भी होते होंगे क्या? हमने जाने कब एक ख़ूबसूरत दुनिया जी थी और हर बार थककर हम उसी दुनिया में लौट जाना चाहते थे। कितना असम्भव काम है लौट जाना। सबकुछ नॉस्टेल्जिया ही था। शायद सालों बाद बिन बताए बत्तियों का बुझ जाना भी नॉस्टेल्जिया ही होगा। पावर ऑफ़ भी कोई चीज़ हुई जानां, उसमें तो फिर से ऑन हो जाने का ऑप्शन है।

बंजारों के बचे रह जाने की सबने दुआएँ की थीं। उन्होंने घुट्टी पी थी ख़ुद से लड़ने की। उसी में घोलकर पी गए थे वे सारी शिकायतें भी। जानते हुए कि गुज़रते हुए रास्ते काटने को दौड़ेंगे। बेंचों पर बिखरे फूलों की जगह उग आएँगे काँटे और दिमाग़ में उग आएँगी मन को रोज़ मार देने वाली सवालों की बेलें। तो भी जाने किस जादू की उम्मीद में बंजारे सुबह को सोते हैं और दोपहर में रास्तों से बचने की कोशिश में चलते जाते हैं। जादू शामों का था और श्राप सुबहों का। दुनिया तो इन ख़ुश रास्तों के पार भी दिखती है और तंग रास्ते तो सिर्फ़ नज़र का धोखा होंगे।

बंजारों के पास हर चीज़ की दवा थी पर ख़ुश रास्तों के किनारों पर पेड़ों की टहनियों में लटकती साइको आत्माओं से बचने के लिए वे कोई जड़ी-बूटी नहीं खोज पाए।

तेज़ दौड़ती इस सभ्यता में एक दिन आएगा, जब बंजारे भी नॉस्टेल्जिया की बात बन जाएँगे...

छलावों के पर नहीं होते और ना ही होते हैं सींग ग़लतफ़हमियों के। दुनिया गोल नहीं, टेढ़ी है। हर जगह 'ब्लॉक' नाम की एक तख़्ती टँगी है। लोग किसी भी रिश्ते में बाप बनने पर क्यों आमादा हो जाते हैं? कितना बेहूदा सवाल है! है न?

किसी भी बात के हो जाने का कारण पता हो न तो वह बात उतनी चुभती नहीं। दो दिन आसमान तकने के बाद उस कारण के दिलासों को ओढ़कर जिया भी तो जा सकता है। और जब कुछ हो जाने का कारण नहीं पता होता है, तब सालों तक उसे ढूँढ़ते रहते हैं। उसकी टीस रह जाती है। बस में सफ़र करते हुए खिड़की से बाहर, मेट्रो की भीड़ में, सुकून में, धोरों में रेत से फिसलते हुए, ग़लत स्टेशनों पर उतरते हुए, सड़कों के बीच चौंककर रुक जाते हुए, बालकनी पर फैले धुएँ से चेहरे बनाते हुए बस एक ही चीज़ खोजते हैं, कारण। सिर्फ़ एक कारण!

बालों में सुबह उग आई थी। काँधे पर गुदगुदी करती ठुड्डी और सपनों की दुनिया की उस अजीब भाषा को जानने के बाद समझने की कोशिश वाली सुबह। सिर्फ़ भाषा नहीं, जगहें भी अजीब थी। शहर के चौराहे थे और गलियाँ गाँव की। लोग शहर के थे और आवाज़ें गाँव की। सपनों की दुनिया सुबह ख़त्म हो जाती थी। जबकि रात अभी तक नहीं हुई थी। अब जब रात होगी तो उसके बाद वाली सुबह होने पर दो दिशाओं के बीच अटके सूरज से फूल झड़ेंगे। अवसाद के फूल। उन फूलों की महक से मर जाएँगे सारे काम। और फिर से हर बार ऐसे ही उग आएगी बालों में सुबह। जैसे मैंने मुहब्बत हमेशा रास्तों से की, वैसे ही इन्तज़ार किया हमेशा शाम का।

शाम के बालों में ख़ुद का होना खिलता है और इस खिलने में बचा रहता है सबकुछ का होना...

दिन जागते तो अजीब-सी उलझनों से भरे हुए। एंग्ज़ायटी की चादर ओढ़े मन गर्मी से पसीना-पसीना जाने किस ठंडक की ओर ताकता रहता। दोपहर होती तो जाने किस उम्मीद में पाँव घिसटने लगते और फिर चादर भर जाती रंगों से। उनींदे-से हाथ टटोलते बेंचों तक फैली डालियाँ और डालियों के हिलते ही झड़ने लगते फूल। चिड़ियाँ शुरू कर देतीं गाना। जैसे किसी इंतज़ार में चुप्पियाँ ओढ़े बैठी थीं।

शाम ने जो गीत लिखे हैं, उन शब्दों में जादू था। आसपास की भीड़ थी और भीड़ से निकलते ही था सुकून। शाम के उन गीतों को डूबते देखना दुनिया का सबसे बड़ा दुख था। असमंजस से भरी उन रातों का संगीत थीं एंग्ज़ायटी से भरी ये सुबहें।

मई-जून के दिनों में सुबह से शाम बकरियों को टोळता कोई ग्वाला थककर घर लौटता और तारे उगने के वक़्त उसकी चारपाई पर रखी मिलती पानी भीगे मीठे पीलुओं से भरी थाली। उस समय उसका चेहरा जो गीत कह रहा होता है, कुछ वैसे ही गीत थे शाम के होने के गीत। वे जो थोड़े से वक़्त के गीत थे, उन

गीतों का सुकून आसमान की तरह साथ चलता रहता हर जगह, हर वक़्त।

गीत एक समय में ख़त्म होते ही हैं। अजीब-सा डर चेहरे पर पीलापन उड़ेल देता है—गीत ख़त्म हो गया तो? लेकिन आसमान भी कहीं ख़त्म हुआ है? ये गीत भी तो उसकी ही तरह अछोर हैं...

दोपहरें जलते हुए राख होती जाती हैं शाम के इन्तज़ार में। शाम जैसे कि शहर की पुरानी इमारतें छाँव का पीछा करते-करते डूब गई हों किसी बेंच पर रखे कॉफ़ी के गिलास में और आसपास तैरती चुप्पियों ने छिड़क दी हो पानी की फुहार। धीरे-धीरे ख़त्म होती कॉफ़ी के साथ तैरने लगते हम कहानियों में। कहानियाँ जीवन की, शहर की, बनने और बिगड़ने की, चुपचाप सुनने की, दूर तक चले जाने की, झूठ से भरे लोगों के सच ओढ़ने की। और इन कहानियों को सुनते-सुनते हटता जाता जीने की राहों पर छाया धुँधलका। लगता जैसे ठीक दोपहर में चारों ओर उग आए हों घने छाँव वाले दरख़्त।

जैसे सबकुछ कितना आसान है। एक अलग ही दुनिया में ले जाता है न चुपचाप सुनते रहना? असल में हमें उन कहानियों के साथ ही ख़त्म हो जाना चाहिए था हर रोज़, पर हम कहानियाँ नहीं, ज़िन्दगियाँ थे। इसलिए हर नई कहानी के साथ उग आते वैसे ही, वही पुराने चेहरे। हमेशा ताज़ा मुस्कराहटों से भरे, सबकुछ भूलते हुए-से वही पुराने चेहरे।

कहीं चले जाकर, ख़ुद को बदलने की कोशिश करके, कुछ भी छोड़कर, किसी से बात करके, कोई दवा खाकर या कुछ भी खाकर बचा जा सकता था क्या? नहीं बचा जा सकता था कुछ भी करने के बाद भी।

पता है, ऐसे में सबसे आसान क्या था? चुप रहना। एकदम चुप हो जाना। यह हथियार हो सकता है, घेरते सायों से लड़ने का। किसी और को परेशानियों में घेर लेने से बचाने का भी। चुप्पियों की दुनिया में सिर्फ़ आप होते हैं। सिर्फ़ और सिर्फ़ आप। न सलाहें, ना लांछन और ना ही जताने का भाव। वक़्त की डोरियों को चुप्पियों से सुलझाते-सुलझाते आप बच सकते थे उस अंतिम दिन तक। वह अन्तिम दिन जो आपका तय किया हुआ नहीं होगा। कम-से-कम इतने लम्बे वक़्त के बाद इतना तो समझ में आ ही जाना चाहिए कि ये डोरे कभी नहीं सुलझने वाले।

हमें सो जाना चाहिए वक़्त पर। क्या सच में सोने का वक़्त तय होता है! याद नहीं ऐसे दिनों में कब वक़्त पर मुझे नींद आ गई थी। ऐसे दिनों का कुछ भी मतलब हो सकता है। ऐसे दिन हमेशा होते हैं या कभी-कभी, यह भी नहीं कहा जा सकता। यह भी नहीं कहा जा सकता कि ऐसे दिन जगहों या लोगों से होते हैं। कई बार लगातार ऐसे दिन, ऐसे दिन कहते हुए मुझे स्कूल के दिनों की वह कहानी याद आती है—भेड़िया आया भेड़िया आया। ऐसे बुरे समय में अच्छी किताबें और फ़िल्में कई बार मुझे बचा लेती हैं। पढ़ते हुए या फ़िल्में देखते हुए लगता है कि हम अपने आसपास की सब दुनियाओं से कट चुके हैं। लगता है जैसे तपती दोपहर में किसी रेगिस्तानी तालाब के किनारे खेजड़ी की छाँव में ऊँघ रहे हैं और पानी से छनकर आती हवा बाल सहला रही है। सपनीली दुनिया से निकलकर मैं सोने की कोशिश करते-करते तंग हो जाता हूँ तो बालकनी से अलसुबह जागती हुई दुनिया को देखने लगता हूँ। अचानक से उसाँस भरकर दीवारों पर उग आए पेड़ों को तकने लगता हूँ। कितना अजीब है न यह सब! दिखता सब है, खुलता सब कुछ नहीं...

ख़ुद को धोखा डार्लिंग। ख़ुद से धोखा डार्लिंग। जागे रात तो सोए बातें, सब बातों में सपनों के धोखे। जिसने देखा, जिसने सोचा, वह तो साला झूठा था रे! तू चुप, बात चुप, रात चुप!!!

जीना सच, बाक़ी सब झूठ।

मरना सच, बाक़ी सब धोखा। मोहब्बत की चिड़िया और प्रेमिका शैतान। हाथों में गुलेल, आँखों में निशाना। लटकती आत्माएँ, भटकते हम। मर गए कब के, ज़िन्दा है बदन। बदन पे कपड़े चुप्पियों के, टाँके लगे हैं धोखों के। उधड़े तो उघड़े, उघड़े तो दिखे।

ख़ुद को धोखा डार्लिंग। ख़ुद से धोखा डार्लिंग।

मन उदासियों को ओढ़कर चला था हौले-हौले शहर के इमारतों से अटे रास्तों को पार करता हुआ, रेल की खिड़की पकड़कर अपने रेगिस्तान की ओर। रास्ता कितने बेमन से गुज़ारा, जब तक कि दिख नहीं गई रेत उड़ती हुई। ऐसे लगा जैसे बुरे ख़्वाबों वाली कोई रात ख़त्म हुई है और उग आया है चहचहाहटों से भरा सवेरा। दिखने लगी जब धूल अपने मुल्क की तो मन खिलने लगा बारिश के बाद रेगिस्तान में बेलों पर खिल आए पीले फूलों की तरह। सारा रेगिस्तान दौड़ रहा था रेल की खिड़की के बाहर। भाग रही थीं बोरड़ियाँ उड़ते तीतरों के साथ। झर रहे थे आकड़े के फूल, डालों पर बोलती फाख़्ताओं की आवाज़ों के साथ। झूल रही थीं खेजड़ी की डालियाँ, लहराते खींपों के बीच से झाँकती हुईं। दूर-दूर तक बिखरी ढाणियाँ भाग रही थीं बलखाते बाजरे के सुनहरे सिरों से झाँकती हुईं। लटक रहे थे कैर डालों पर, बावळों में घोंसलों के नीचे लटक रही थीं बयाएँ, तिलोरों की गर्दनें चमक रही थीं सेवण में से झाँकते हुए। सुनहरी घास खिल रही थी उगते सूरज की किरणों तले।

अलग-अलग रंगों की पगड़ियाँ घूम रही थीं इधर-उधर खेतों के बीच। घूँघट देख रहे थे खिड़कियों से बकरियों के पीछे भाग रहे बच्चों को। नासेटू के आगे चल रहे थे ऊँटों के कारवाँ खेतों के किनारे धोरों पर। भाग रहे थे हरिण उछलते रेल के इंजन से दौड़ लगाते हुए। सारा रेगिस्तान दिख रहा था दौड़ता हुआ, रेल की खिड़की से।

हम सबके जीवन से वो जगहें कितनी दूर हैं जहाँ जीवन होता है। इस जीवन की रूमानियत को इसे जीने वाले कभी महसूस नहीं कर पाए। जो महसूस कर सकते थे, उनमें इतनी जीवटता नहीं थी कि वे इसे जी पाएँ।

यहाँ फ़ोन का नेटवर्क नहीं आता। इस जगह पर होते हैं तो लगता है कि किसी और दुनिया में तो नहीं आ गए। लोगों की भीड़ हो तब भी फ़ोन नहीं दिखता किसी के हाथ में। इन घरों के दूसरी तरफ़, यहाँ से कोस-भर दूर, एक 'दूजा मुल्क' है जिसको पाकिस्तान कहते हैं। लोगों के पास बकरियों के झुंड हैं और उसी से जीवन चलता है। यहाँ तपकर ठंडी होती रेत पर नाचते रहते हैं चाँद, तारे और सूरज। पेड़ों की डालियों पर गाते पंछियों की आवाज़ें ठहरा देती हैं छाँव में।

इस जीवन में सब है। चट्टी से लेकर लाड तक। घरटी, ऊँटगाड़ी, चँवरे, चिलमें, पोतिये, बातें, रियाणे, बवंडर, भुताळिये। बस, नहीं है तो वह जो मूलभूत है। थोड़ी-सी रेत सरकती है तो ये जगहें कट जाती हैं सबसे। जैसे ख़ुद में ही क़ैद कर लेती हों ख़ुद को!

आज़ादियाँ पानी का रेला हैं। रेत की नदियों में बहने वाला पानी का रेला। बहता है तो सबकुछ बहने देता है, अपने आसपास को हरापन ओढ़ाते हुए। और थम जाता है तो रह जाती है रेत, चुप्पियाँ ओढ़े चिथड़े-चिथड़े होती रेत।

ये जो सवाल होते हैं न वे मौत होते हैं। और ख़ुद से लिये गए फ़ैसलों पर बिजली की तरह गिरते हैं। मैं उन सवालों से बचने के लिए आक की तड़ी लेकर घूमने लगा हूँ। चिल्लाते हुए—*आक रो डोडो, भीम रो गोडो*। क्योंकि सवालों की बिजलियाँ जब गिरती हैं न तो वे न तो चमकती हैं और न ही गरजती हैं। उनके पास सिर्फ़ सवाल होते हैं और फिर सलाह होती हैं। जवाब कभी नहीं सुने गए।

थोपी गई सलाहें माथे पर अवसादों के घेरे ले आती हैं। एहसास करवाने को होती हैं वो बातें जो नहीं होनी चाहिए थीं। यह एहसास कि ख़ुद से लिये गए फ़ैसले पैरों पर कुल्हाड़ी होते हैं। अचानक लगता है पाँवों पर कुछ रेंग रहा है मैं हाथ फिराता हूँ कि कहीं ख़ून निकल रहा है क्या। मैं भागता हूँ अचानक से रोशनी

पड़ने पर भागते हरिण की तरह। और फिर जैसे मैं बच जाता हूँ। सवालों से दूर। एक अलग दुनिया का एहसास लिये। पैरों को आज़ाद किए। अनुशासन की दुनिया से कोसों दूर।

कोई है। दिलासा है। जीवन है। रास्ते हैं। पगडंडियाँ हैं। मैं हूँ। और कोई है...श्श्श्श...कोई है...

'एक महीने से तुम्हारे चेहरे पर कैसी रंगत थी। पिछले चार दिनों से चेहरा फिर से कैसे काला पड़ गया। कोई बात है क्या? पता नहीं किसने काला जादू कर रखा...'

झुलसी आँखों की डायरी पढ़ी है किसी ने? कोई और दुनिया है यह, एकदम नई-सी। आँखों पर चढ़ा दिया गया है रंगीन चश्मा। सबकुछ स्लो मोशन में हो रहा है। शरीर छत पर से उड़कर तैर रहा हवा में। ज़माना धीरे-धीरे ओझल होता जा रहा है। कानों में गूँज रही है बरगद के पास धूप में तड़पकर मरती चिड़िया की आवाज़। दूर किसी चारपाई पर खिड़की से आई धूप में चमक रहे हैं अटके पड़े ड्राफ़्ट के आँसू। स्क्रीन पर तैर रही है काली छाया। मैं अब उड़ रहा था। शाम ख़त्म होते क्या उस ऊँचाई तक पहुँच जाऊँगा जहाँ कोई किसी को जानता नहीं होगा। जहाँ सवाल होने पर सिर्फ़ जवाब होंगे, बिना ज्ञान और सलाहों के।

नींद खुलती है तो गले में कुछ अटका-सा महसूस होता है। कितने महीने हो गए। ये प्रोथियाडेन क्या दो महीने से अटकी ही है गले में। नीचे उतरकर घुल क्यों नहीं जाती नसों में...

सड़े हुए फलों की पेटियों की तरह
बाज़ार में एक भीड़ के बीच मरने की अपेक्षा
एकांत में किसी अनसुने पेड़ के नीचे
गिरकर सूख जाना बेहतर है।

—सर्वेश्वर दयाल सक्सेना

पता है, इत्ते बरस जी लेने के बाद मैंने यह मान लिया कि सपने सिर्फ़ सपने ही होते हैं; भले ऊँघ में देखे हों या जागती आँखों से। जो घट रहा है, सच वही है। जो घटने का इन्तज़ार है वह सिर्फ़ भ्रम है। रोज़ थोड़ा-थोड़ा टूटता हुआ भ्रम। हम बड़े हो रहे थे दुनिया को समझते हुए। और जितना जानते थे, उतनी ही ज़्यादा करप्ट दिखती दुनिया। इस करप्ट दुनिया में सबसे मुश्किल था सिर्फ़ हमारे सही होने का भ्रम। चुभता था हमारे करप्ट ना हो पाने का सच।

ऐसे लगता था जैसे अपने लिये एक दुनिया गूँथ रहे हैं हम। लोग उन गुँथते डोरों को तोड़ते हुए चिल्लाए—'ये जाल हैं।' और वह सच में जाल था। लगा जैसे मैंने सारी दुनियाओं के गुँथने को देख लिया था। और

मेरी दुनिया का गुँथना भरम था। इस सारे भरम में बनी हुई दुनिया से अलग होना ही सच था। अलग जीना नहीं। और अलग होने का बस एक ही सच हो सकता है कि हम अलग मौत मरेंगे। अगर अलग मौत नहीं मरे तो?

यह अलग होना भी ख़ुद का बुना गया भरम होगा। हलुसिनेसन था सब कुछ। होना, सपने देखना, रिश्ते, दोस्त सब। आसपास बजता संगीत किसी और दुनिया में ले जाता है। आसमान से पेड़ गिर रहे थे और सारी दुनिया हरी हो गई थी। बीच जंगल में किसी छतरी के नीचे कोई चरवाहा गा रहा है। यह वह राग था जिसे जिसने भी सुना, दूसरों से कभी कह नहीं पाया उसके बारे में।

शाम के टहलने का वक़्त है। तेज़ धूप के ग़ुस्से में भरे चेहरे के ऊँघ से उठकर टहलने का वक़्त।

सड़क पर चलते हुए एक कुत्ता आता है और किनारे खड़ा छोटा कुत्ता सरकने लगता है पीछे। आता हुआ कुत्ता सरकते हुए कुत्ते पर झपट पड़ता है।

हिंसा क्यों होती है?

मैं हर दोपहर हिंसक हो जाना चाहता हूँ, पर शाम होते-होते ऐसा लगता है जैसे ख़ुद पर क़ाबू पा रहा हूँ। कभी-कभी व्हाइट बैलेंस चेंज करके सूरज डूबने के रंगों को उगते सूरज के रंगों में बदल देता हूँ। ऐसे लगता है कि अब दिन शुरू हुआ है। दोपहर तक इन्तज़ार करूँगा और फिर शाम को किसी ऊँची जगह पर मुँडेर पर बैठकर बातें करते हुए चूम लूँगा तुम्हें... नीले निशान वाले टैटू उकेरूँगा तुम्हारी गर्दन पर। नीचे से गुज़रते लोगों को हम दिख रहे होंगे सिल्हूट में। जैसे किसी ने फ्रेम करवाकर दीवार पर रख दी हो कोई तस्वीर या फिर किसी दोपहर झील किनारे किसी पठियाल में पानी को छूकर आती हवा में ऊँघ

रही साँसों को गुदगुदी करके जगा दूँगा और वे साँसें गुस्सा होकर भागेंगी मारने को तो झील किनारे किसी छतरी से उड़े कबूतरों के झुंड के साथ पानी में भाग जाऊँगा। किनारे-किनारे भागते हुए पानी उछालकर हाँफती साँसों को भिगोकर चिढ़ाने की कोशिश में गिर जाऊँगा फिसलकर।

सूरज डूबने के वक़्त के रंगों को कितनी जल्दी छुपा लेता है अँधेरा। रंगों को छुपाने के बाद अँधेरा अपनी पोटली से झाड़ता है मधुरी हवा। झीलों, पत्तों, रेत, पानी और बालों को छूकर आती हवा। प्यार से माथे पर हाथ फिराने लगती है यह हवा। रात के शान्त अँधेरे में हवा अपने साथ घोलते हुए बकरियों, सूखे पत्तों और जिनावरियों की आवाज़, सुनाती रहती है लोरी। जैसे दूर किसी पहाड़ी पर बजा रहा हो कोई चरवाहा रेत की धुन...

इस उधेड़बुन का कोई अन्त था क्या? बाहर धूल-भरी आँधियाँ थीं और अन्दर ख़ुद से लड़ाई। चालीस किलोमीटर की रफ़्तार से उड़ते धूल के बादलों से बचने के लिए घर थे हमारे पास, लेकिन नापी न जा सकने वाली अन्दर चल रही हवाओं से बचने के लिए क्या था? कुछ भी तो नहीं। हमने कुछ नहीं कमाया था। जो कमाया, वह सिर्फ़ बाहर की चीज़ों से हमें बचा सकता था।

सवाल कितने बेतुके होते हैं कि तुमने कितने सच्चे दोस्त कमाये। जवाब भी तो होते हैं बेतुके कि याद जैसी कोई चीज़ होती ही नहीं है। इन धूल-भरी आँधियों के दिन तय थे। इन्हें यहाँ लोग ब्हाइये कहते हैं। और हर दिन अलग ब्हाइया होता है। कोई बारिश का तो कोई साँप-बिच्छू का। ये जो अन्दर के स्ट्रोक हैं, इनका भी कोई समय और नाम होता है क्या?

मैंने सोचा, जाते हुए चाळ में बाँध लूँगा एक बरगद, एक छोटी पहाड़ी और रेत का एक टीला। इतना मोह ठीक नहीं होता होगा न सेहत के लिए! रात को चिल्लाते मोरों की आवाज़ में कोई शब्द नहीं था, पर दे दिया था उस आवाज़ को नाम—*मेह आओ*। ठीक भी था। वे इस तरह तब चिल्लाते जब आसमान घटाटोप बादलों से भरा होता। मेरी आवाज़ क्योंकि गूँजती नहीं थी रेत के टीलों से टकराकर, इसलिए ना ही कोई सुन पाया और ना ही कोई नाम दे पाया। उस आवाज़ का नाम यह तो क़तई नहीं था कि 'इतना मोह ठीक नहीं होता।' मोह तो उन मेढ़कों की आवाज़ से भी हो सकता है जो सबके ऊँघ जाने के बाद पानी के आसपास हर रोज़ कोरस गाने लगते हैं। उमस से भरी बारिशों की रातों में मेढकों और मोरों की आवाज़ें सुनते हुए बरगद पर छाए काले बादलों की ओट में छिपे चाँद की रोशनी को देखकर एक बिना आवाज़ की गहरी उसाँस निकलकर जाने कहाँ खो जाती है। इस उसाँस के पास ना कोई 'मेह आओ' था, न कोई 'टर्रटराहट'। था तो बस पेड़ पर जमी बूँदों को बारिश के बाद झाड़कर भाग जाने का लालच।

हर रात वह कहानियाँ सुनाता और अन्त में कहता—*तो ऐ हती बात सुणी जिके सुणी नी सुणी ऊवेंरे डावे ढूंगे लात।* वह कहता, परपंच करता है मन कि उसे मिलता रहे नशा लोगों की बातों का। हम अच्छे होते हैं तो हम सच्चे होते हैं। हम झूठे होने के बाद और सारे झूठों को बरगलाने के लिए झूठ बोलते हैं कि यह दुनिया झूठी है और यहाँ बिना झूठा हुए जिया ही नहीं जा सकता। जो इस छलावे के नशे में आने से हट जाता, वह अलग दिखने लगता। अलग को 'एक जैसे' लोग स्वीकार नहीं करते। तब अलग डिगने लगता। हालाँकि जो अलग है वह अलग ही रहेगा। दिमाग़ कितनी भी कोशिश कर ले, मन उसे झूठा होने ही नहीं देता। तब अलग आत्माएँ दिल और दिमाग़ के संघर्ष में ख़ुद को लहूलुहान करते हुए या तो उससे पार हो जाती या मर जाती है...

'अलग' कही जाने वाली आत्माएँ कहीं से अपने दिल में उतार लेती हैं प्रतिबिम्ब, किसी वैसी आत्मा का, जिसका पास या दूर होना एक-सा होता है। बस, 'होना' मायने रखता है। क्योंकि वह सब जानता है।

यह भी कि कोई उदास है।

ये कहानियाँ सुनाने वाले न, पता नहीं क्या-क्या बोलते हैं! समझ से परे होती हैं इनकी बातें। सोचते बहुत ज़्यादा हैं ये, इतना कि भूखे-तिरसे मर जाने की हद तक सोचते रहते हैं...

पुराने घर के किसी कोने में दबा पड़ा था कोई काग़ज़। मिट्टी पी गई थी उस पर मँडे आखरों को। छूट गए घरों के हर कोने में दबी होती हैं कहानियाँ। उन घरों से गुज़रते हुए कोई पुकार कर कहता हो जैसे कि बचा लेना घर को। कहीं रहना या फिरते रहना, पर 'अपने घर' को घर रखना। परखना अपराध था, फिर भी परखता था वह घर को बचाए रखने के लिए।

हाथ और चेहरा देखकर ऐसा लग रहा, जैसे कोई सवाल हो कि यह क्या है। तस्वीर देखकर वह मुस्कराने लगा। फिर उसे याद आया कि मुस्कराने के लिए तो नहीं देख रहा था यह तस्वीर।

कभी-कभी घूम आना चाहिए तस्वीरों में। चुभन कम हो जाती है। शाम को जो धूल रह गई थी पीठ पर, पानी लगते ही कैसे मिट गई थी उसकी चुभन; ठीक उसी तरह। उसे लगा, अब भी वह याद करता है टूटते तारे और दही में चुरी हुई बाजरे की रोटी को। उसके होंठों पर एक शब्द आकर रह गया—शुक्रिया!

प्रेमिकाएँ छाया बनकर फिरती हैं। आधी रात बीतते-बीतते लिपटने लगती हैं। चारों तरफ़ से दीवारें जैसे कस रही हो बाँहें, हवा जैसे गर्दन पर फिरा रही हो ज़बान, पत्ते जैसे गा रहे हों गीत; और तारे...दूर झिलमिल दिखते तारे...आँखों में नहीं चुभते हुए तारे...

दीवारों के किनारों पर तारों की रोशनी जाने क्यों उफनती-सी दिखती है! अचानक जाने कहाँ से कोई हवा की लहर आती है...सीढ़ियों पर रखा बर्तन टूटकर बिखर जाता है, रात की शांति तोड़ते हुए। जीवन जैसे रात हुआ जाता दिन को कोसते हुए। टूटकर बिखरी हर चीज़ को बुहारते हुए। मिट्टी का कोई तीखा टुकड़ा पैर में चुभता है। आह! रात की शान्ति चुप कर देती है। एक पैर पर फुदकना हँसी का सबब बन जाता है।

आधे चाँद की रोशनी ने दीवार पर जाने यह कैसा चित्र बनाया है! अँधेरे को ख़ूबसूरती मिल जाती है ऐसे चित्रों से...

सभी पहलुओं का एक ही आईना था—सच। उसने अपने सच आप बुने थे और फिर सीख लिया था उन्हीं में जीना। यह भी ज़रूरी नहीं कि हर सूत पक्का हो। सच, जैसे कच्चे सूत की वह खाट, जिस पर बैठते ही आदमी कुएँ में गिर जाता था। कुछ सच ऐसे भी थे जो ना सच थे, ना झूठ थे। बस थे; न जाने क्यूँ थे!

उसने सुना था, आदमी में जो आदमी रहता है वह आदमी नहीं होता। वह कोई आवाज़ है शायद...

जीने की राहें गोल घेरे-सी हैं, जिसके रास्ते बहुत लम्बे हैं और इन राहों में छाँव वाले पेड़ कितने कम। किसी पेड़ की छाँव में थके-हारे सोते हैं और सोते रह जाते हैं। उस सुकून में सबकुछ भूलकर मुस्करा रहे होते हैं। जब भी रास्ते पर चलते-चलते थक जाते हैं तो फिर उस पेड़ की छाँव में लौट आते हैं। कभी-कभी जब सोए रहना चाहते हैं उस छाँव में, तब अन्दर का आदमी जो आदमी नहीं होता—वह कहता है कि ओढ़ लो इस छाँव को।

कोई छाँव भला ओढ़ी गई है कभी? ओढ़ी गई छाँवों में सुकून नहीं होता; क्योंकि हम काट चुके होते हैं उसकी जड़ें या वे होती हैं कोई भरम।

अन्दर का आदमी जाने क्या-क्या कहता रहता है... क्या सब सुनने की बातें हैं?

वह रोशनी आकाश के किनारों पर बाँहें फैलाए खींचती है अपनी ओर। वह किसी रूह-सी दिखती है। सूरज डूबने और चाँद उगने के बीच वह गाती रहती है गीत। मैं खिंचता चला जाता हूँ किसी अलमस्त बंजारे-सा...

शाम होती है तो मैं अपना खोल उतारकर बरगद पर चहकते चिड़ियों के झुंड के साथ उड़ने लगता हूँ। पश्चिम में फैली उस रोशनी की तरफ़। गाँव के मन्दिर से आती आरती की आवाज़ घुलती हुई-सी ग़ायब होने लगती है। पगडंडी के किनारे उगे छोटे पौधों में बोलते जिनावरों की आवाज़ में। सबकुछ छूटता-सा लगता है। बस, एक पुकार है। न दिखने और महसूस होने के गीत गाती रोशनी भागती जाती है। मैं रोज़ निकलता हूँ उस तक पहुँचने को। कुछ दूर जाते ही कुछ भी दिखना बन्द हो जाता है। सिर्फ़ काला अँधेरा। खो गई रोशनी को ढूँढ़ने की बेचैनी से निकलकर देखता हूँ, पंछियों के टोले उड़कर जाने कहाँ चले गए!

पूरब से निकलता चाँद मेरी उँगली पकड़कर फिर से मुझे डेरे ले आता है। रास्ते-भर देखता हूँ कि रोशनी-सी उस रूह के लिए कितना दूर निकल आया था। रेत

में फिरते साँप-बिच्छुओं के बीच चलकर। कपड़ों में रेतीले काँटों की लड़ियाँ उलझाए। मुझे क्यों नहीं याद कि मैं यहीं से होकर जाता हूँ रोज। फिर याद आता है कि यहाँ से थोड़ी जाता हूँ। मैं तो उड़कर जाता हूँ बरगद पर चहकते पंछियों के टोले के साथ।

कुछ यात्राएँ दिखती नहीं, बस होती हैं। कहीं होती रहती हैं...

वह हँस सकता था ख़ुद पर, ख़ुद से बातें भी कर सकता था। कई बार कमरे से बाहर निकलते हुए ख़ुद के साथ बाहर नहीं निकल पाता है। अदृश्य बँधे पाँवों से घिसटता है तो आत्मा छिलने लगती है और रास्ते लाल हो जाते हैं। उसने कहा था, जीवन रेगिस्तान होता... जबकि उन दिनों वह प्रेम में था।

उसे समझ में नहीं आया सालों बाद भी कि प्रेम और नफ़रत एक साथ कैसे किए जा सकते हैं...

उसने बचपन की ग़लती कभी नहीं दोहराई...अब वह हमेशा अपनी आत्मा कम्बल में लपेट चारपाई पर रख देता है। आज शाम का सूरज देखकर वह चौंक गया था जबकि उसे रोज़ देखता है। उसने देखा कि कम्बल उसके काँधे पर था! रात में बरंडी पर चलते हुए कम्बल सरककर छत पर गिर गई। उसे लगा, वह झूल रहा है हवा में...

हवा और वक़्त के बीच की किसी ख़ाली जगह से आवाज़ गूँजने लगी...जैसे कोई अंग्रेज़ी में कह रहा हो—'मुझसे बात मत करो।'

उसे लगता है कि अब चले जाना चाहिए, लेकिन हर बार कोई उसको रोक लेता है। वह हर बार इस खेल में हारकर मैदान के बीचोबीच खड़ा हो जाता है। उसने कहा था, 'हर बार हरा देते हैं मुझे बच्चे, बेचैनियाँ और बालकनी।'

अब जब भी वह कुछ कहना चाहता है, किसी ख़ाली जगह से आवाज़ गूँजने लगती है...

शायद दो दिनों से न सोने के कारण हुआ या फिर बीमार होने का असर था, वह बिस्तर पर बैठे-बैठे लैपटॉप घुटनों पर रखे ही सो गया। अचानक से चिल्लाकर उठा तो देखा उसके दोनों हाथ खिड़की की जाली में फँसे थे। वह सपने में चिल्ला रहा था, 'मैं दिल्ली में हूँ, मैं दिल्ली में हूँ।' शायद उसे अब यह बताने की ज़रूरत नहीं ही होगी।

उसने याद करने की कोशिश की कि सपना क्या था।

वह जंगल से गुज़र रहा और किसी ने उसका हाथ पकड़ रखा है, वह हाथ छुड़ाकर कह रहा है कि मैं ठीक हूँ। पर उसके हाथ को और कसकर पकड़ लिया गया है और कहा जा रहा है कि किसी अच्छे डॉक्टर के पास ले जाया जाएगा उसे। वह कह रहा है, मुझे छोड़ दो। मैं बस इतना बताकर लौट आऊँगा कि मैं दिल्ली में हूँ।

वह सोच रहा है कि कल सामने वाली दीवार पर बोर्ड के साथ-साथ गांधीजी के तीन बन्दरों वाला पोस्टर भी चिपका देगा ताकि किये जाने वाले कामों की लिस्ट

के साथ वह दिन-भर उन पोस्टरों को भी देख सके। वह खिड़की में देख रहा है, एक बन्दर आँखों पर हाथ रखे कह रहा है—कुछ मत देखो। सच में, कितना पढ़ता या सोता होगा कोई कि कुछ देख भी ना पाए!

वह देख रहा है, उस रोडलाइट और पेड़ों के पास वाली छोटी-सी पहाड़ी पर बैठे बन्दर को मुँह पर हाथ रखकर यह कहते हुए कि चुप हो जाओ। वह चुप हो गया है। उसके कहने से आत्माएँ दुखती होंगी। वह देख रहा है बन्दर को मुस्कराते हुए कानों पर हाथ रखकर। उसे कुछ भी सुनाई नहीं देता होगा। उसका एकमात्र सच भी जो बेहोशी में कहा गया था...और शायद फ़ोन का वाइब्रेशन भी महसूस नहीं होता होगा।

वह अब चुप हो जाएगा। उसे लगा कि इन दो दिनों में वह कितने लोगों को ख़ुश कर सकता था, पर अब वह बहुत देर कर चुका था। सुबह डाउनलोड की गई आंबेडकर की तस्वीर देखकर फिर से रोने लगा। वह अब 'समझ' गया था कि किसी को कोई नहीं समझ सकता। जबकि वह कहता फिरता था, समझना सबसे आसान और सुकून वाला काम है।

उसने कहा, बेसुध लड़कियाँ ख़ूबसूरत होती हैं और वह नशे में था। उसे लगा था कि अब उसे उन आँखों में देखने के बजाय देखना चाहिए आसमान की ओर...उसे गहराइयों से फ़ोबिया था। उसे मालूम था कि रात बीतते ही सुबह आएगी और दूसरे दिन उसे चले जाना था।

वह दोपहर-भर उस रास्ते के किनारे बैठा लाइम सोडा की गिलास घूरता रहा। उसने सोचा था कि लास्ट स्टेशन के लिए जाते हुए उसे देखता रहेगा। पैकिंग दुनिया का सबसे मुश्किल काम था। शाम-भर कोसता रहा पैकिंग को। उसने जाते हुए क्या कहा होगा...उसे लगा, नीम का पेड़ सड़क के किनारे मुस्कराकर कह रहा है, 'दिख रहा है जो वह झूठ है और जो तुम्हें झूठ लगता है वही सच है।'

आंटपटेलो खेजड़ियो राई, माथे बैठो मोरूड़ो राई,
माथो तो धोयो मेट सां, चोपड़्यो तेल चम्पेली राई।

अकड़ी गर्दन और भारी आँखों के साथ के दिन सबसे दूभर दिन हुए...जबकि अक्टूबर अब भी इस साल का ही हिस्सा है...

आग के बुझ जाने के बाद जो धुआँ बचता है, उससे बुरी भी कोई चीज़ हुई है, चुभती हुई? हुई है। वही जो अभी हुई।

उसे लगता है कि वह लोगों की सपनीली ज़िन्दगी जी रहा है। जबकि वह तिल-तिल होम होते देख रहा था ख़ुद को। उसके चेहरे पर मुस्कराहट थी। इसलिए कि उसने एफ़र्ट किए थे। उसने सारी थकावट और सभी उलझनों को बाँधकर झाड़ियों में फेंक दिया था। फिर भी साथ होकर भी वह उसे साथ नहीं रख पा रहा था। उसे लगा, चूम लेने से सब ठीक हो जाता होगा; पर सुबह उसने एक लम्बा आर्टिकल पढ़ा और विमर्श का मारा ख़ुद को बाँध ले गया।

वह जानता है कि यह अन्तिम एफ़र्ट है उसका। इसके बाद वह ख़ुद को मौक़ा नहीं देगा इनसान बनने का। सोचता है कि बुरा हो जाने के इस मौसम में वह कम-से-कम अच्छा हो जाने की कोशिश तो कर सकता है। और कोशिशों का यह तीसरा, और आख़िरी मौक़ा है। यों ही थोड़े न बुरे हो जाते होंगे लोग!

सबके अपने-अपने एफ़र्ट थे। और वह अपने हिस्से का कर रहा था। साथ के सुख के लिए हर चाहा-अनचाहा एफ़र्ट...

उसे ख़ुद की तौहीन करने में ख़ूब मज़ा आता था।

वह गुज़रती रोशनियों के साथ-साथ जगह बदलती परछाईं को देखकर जाने किन बातों का अन्दाज़ा लगा लेता है। लोग कितने बुरे होते हैं! वह आँखों में देखकर मुस्कराया और नाक तक शॉल चढ़ाकर आगे बढ़ गया। अबोले रहने के भी सुख थे। इसीलिए वह ख़ुद को उँगली दिखाकर बन्दर हो जाना चाह रहा था। सही है, आदमी कोई मशीन थोड़ी न है कि बटन दबाया और काम चालू। बटन दबाने के बाद नाक तक शॉल चढ़ाने का ऑप्शन इस बार का एड ऑन ऑफ़र था।

पत्तों को फिर उग आना होता है हर बार। तब भी जब उन पर लट्टू चमकते हों। आदर्शवादी-आदर्शवादी सब बुना गया था और सच-सच अपने आप उग आया था। फ़रवरी का महीना भी तो हर साल आता है। वह हँस सकता था बुनी गई चीज़ों और ओढ़ी गई परिभाषाओं पर। लट्टू हुआ जा सकता है, पर पत्ता नहीं। और लट्टू पत्ते पर भी ओढ़ाए जा सकते हैं। विराधाभासों का कोई रंग हुआ था क्या? होने के तो रंग थे। हरा भी और पीला भी। सुबह का नीलवर्ण और शाम का सुनहला भी।

लाइट चली गई तो? बत्तियाँ बुझ जाएँगी। अब इस बात पर पत्तों को मौन रहना था और वे रहे। पत्ते झूठ बोलते तो गायों के खुर उग आने बन्द हो जाते और रेत सूखकर बंजर हो जाती। पत्तों का जीवन तो पत्थरों पर भी था...

यह उस महीने के शुरू होने के दिन हैं। बादल छितराकर सफ़ेद फाहों-से तैरते हुए किसी और दुनिया में चले जा रहे हैं। फूलों पर रोशनी पड़ती है तो उनकी चमक से पास के पत्थर किसी अनछुए जाम सरीखे चमकने लगते हैं। गरम होते दिनों की शामें ठंड ओढ़कर सड़कों पर टहलने लगती हैं। सब उम्मीदें छोड़ सिर्फ़ चलने को ज़िन्दा पाँवों ने मशीन बाँध रखी है इस महीने के हर दिन चलने को गिनने के लिए। जीवन न सही, पर मशीन के आँकड़े तसल्ली दे सकते हैं चलने के लिए। और हर रात आँकड़े देखते हुए उसे लगता है, आसमान साफ़ हो रहा है और तारे चमक रहे हैं।

वह अचानक सपने से जागा। पहली बार उसने इतना ख़ूबसूरत सपना देखा था नींद में। मर जाने के ख़्वाब भी इतने ख़ूबसूरत होते होंगे!

उसने देखा, किसी गर्म दोपहर वह अचानक इस खेजड़ी के पेड़ के नीचे सोते हुए दुनिया से ग़ायब हो गया। मर जाने के बाद गाँव और शहर को जोड़ती रेत से भरी किसी सड़क के किनारे उसकी एक मज़ार बनाई गई। मजार के पास एक बड़ी-सी चौकी जिस पर हमेशा बिखरे रहते हैं रेगिस्तान में उगने वाले फूल। गार निपी इस चौकी के किनारों पर दीयों की रोशनी में हर दूज को चमकने लगते हैं मिट्टी पर उभरे हाथों के निशान और पीले पोतिये। हर चाँदनी दूज की रात में दिन-भर की थकी-हारी हवा में घुल जाती है तंदूरे और काँगसियों की आवाज़। चौकी के एक किनारे गोल घेरे में कन्धे पर तिरछे ओढ़ने डाले औरतें उगेर रही हैं मीरां के भजन।

उसने देखा कि मज़ार के किनारे एक बहुत बड़ी झोंपड़ी बनी है जिसकी दीवारें किताबों से भरी हैं। दूर तक घुलती जाती है पुराने पन्नों की महक। आने वाले

सब लोग झोलों से किताबें निकालकर बाँटते हैं प्रसाद में। मज़ार पर आने वाले मन्नत माँगने के लिए चढ़ा जाते हैं किताबें। मजार के पास बरगद और खेजड़ी के पेड़ों के झुरमुट पर फुदकती सफ़ेद गालों वाली बुलबुलें और फाख़्ताएँ गाती रहती हैं उन किताबों में छपने से बचे रह गए गीत। पेड़ों के नीचे निक्कर पहने बच्चे बनाते रहते हैं छोटे-छोटे पत्थर चुनकर घरौंदे और जब थक जाते हैं खेलते-खेलते तो बनाने लगते किताबों में देखकर दीवारों पर आड़ी-तिरछी रेखाएँ।

दूर रेत के टीलों के बीच साँझ को पतले चाँद का परदा ओढ़े बच्चों को कहानी सुना रहे हैं दो लोग। बच्चे बकरियों के गले में बाँहें डाले कहानियाँ सुनते हुए बीच-बीच में हँसते तो बकरियों के गले की घंटियाँ खिलखिलाने लगतीं। उसने कहानी सुनाने वालों के चेहरे पहचानने की कोशिश की। देखा, एक तो वह ख़ुद था! वह कहानी सुना रही लड़की के चेहरे को निहार रहा था और लड़की कहानी सुनाते-सुनाते रुककर उसकी आँखों पर हथेलियाँ रखकर कह रही—इधर मत देखो मेरी तरफ़, ऊपर देखो न आसमान में...

ओह, वह ज़िन्दा था! फिर यह मज़ार किसकी थी? नींद खुली। उसने देखा, खिड़की से तारे दिख रहे थे रोशनी से डूबे इस शहर में भी...

खुले दरवाज़े नहीं झेल पाते अचानक से तेज़ हो गई हवा। दरवाज़ों से टकराकर आती आवाज़ें सुबहों को डरावना कर देती हैं। कूद जाना सबसे बदनसीबी भरा होता है, अन्दर और बाहर से लड़ रहे आदमी के लिए। जीते-जी चुप्प करा दिए गए थे वे सारे लोग जिन्होंने ख़ुद की ज़िन्दगी जीनी चाही थी।

कितनी दुआएँ थीं लोगों के पास! लगती भी होंगी...

उसकी हरकतें बचकाना हैं, क्योंकि आज से उसका पच्चीसवाँ बरस शुरू हो रहा है। वह हर बार किसी और के साथ होते हुए भी उसी के साथ होता है। वह सोचता था कि साथ होने के सुख से बड़ा कोई सुख हुआ ही नहीं। साथ होने का सुख सच था और साथ होकर भी साथ न होना छलावा। दिन-भर के इन्तज़ार के बाद जब हाथों में हाथ मिलते हैं तो ज़मीन खिसक जाती है पैरों के नीचे से; और कौन जी सकता है खिसकी हुई ज़मीन पर!

यह मौसम ही अजीब था, जीवन की ही तरह। कितनी तेज़ हवा थी कल, जैसे सब कुछ उड़ा ले जाएगी। वह सूखे पत्तों को उड़कर इधर-उधर जाते हुए देखता रहा। खिले हुए फूलों को झड़ते हुए देखता रहा। वह ख़ुद को राख होते हुए भी देखता रहा।

उसकी आत्मा कहती है कि वह ग़लत कर रहा है... पर वह करेगा अब...सही-ग़लत से परे...ख़ुद की आत्मा को मारकर...सपनों के सारे मालों का ध्वस्त हो जाना बेहतर है...साथ होकर भी साथ ना होने से।

सोचना। ख़ूब सोचना। सोचना तड़प को। सोचना इन्तज़ार को। सोचना ख़ुद को। अपने हिस्से का इन्तज़ार वह रात की कच्ची नींद से उलझे बुरे सपनों में रँग देगा।

वह जानता है कि रिश्ते उगाए नहीं जा सकते। फिर भी जाने क्यों उसे कवि की बात घेरे रहती है—सब कुछ होना बचा रहेगा...

नशे सारे एक जैसे ही होते हैं। नसें कसमसाकर टूट जाने को होती हैं। किसी अफ़ीमची को देखा है? अफ़ीम लेने के रोज़ाना के समय पर अफ़ीम नहीं मिलता है न, तब उसका चेहरा देखना। किसी के समझाने पर कि यह नशा छोड़ दो, उसके माथे की नसें उभरकर बाहर आने लगती हैं। उन नसों का सारा ग़ुस्सा हथेलियों पर उभर आता है और वह उस ग़ुस्से का उभार सलाह देने वाले के गालों पर माँड देना चाहता है।

कितने बुरे होते होंगे वो लोग जो बेमतलब की सलाहें अपने झोले में भरकर चलते हैं। आसान होता होगा न किसी को जज करना। हाल पर नहीं छोड़ना चाहते लोग। शायद उनकी आँखों ने सिरदर्द के भौंहों पर उभर आने के हालात को देखना नहीं सीखा होगा।

क्या सबकुछ आसान होता है तस्वीरों के आर्काइव में छिप जाने की तरह। वह सोचता रहा कि वह सच्चा है। उसके सच्चा कहने पर शायद ऐसा होने पर मुहर भी लग गई हो। उसे ग़लतफ़हमी थी कि सच्चे लोग जिनसे प्यार करते हैं, वे उसे हक़ से झूठा भी साबित कर सकते हैं। कर सकते थे ऐसा, अनदेखा कर देने

के बजाय। देखकर मुँह फेर लेने के बजाय।

क्या दुनिया के किसी भी फ़िलॉसोफ़र ने बचकानी हरकतों पर कुछ भी नहीं लिखा होगा?

बचकानी हरकतें किन ख़ुशियों के लिए करते होंगे लोग? सपने यथार्थों से इतने दूर के क्यों होते हैं, जबकि वह नज़र-भर देखकर भी हरा हो गया था। अपनी ही आत्मा से लड़ना कैसे आदमी को अन्दर तक कुरेद देता है। आदमी सुख और दुख को झूठ से नहीं ओढ़ सकता। वह अपनी आँखों को देखकर यह समझ सकता था। जैसे उसने कहा था, 'तुम्हारा चेहरा बता रहा है कि तुम उदास हो।'

तुम्हें चेहरा नहीं दिखा आज? उस पर काला टीका लगा था।

दुनिया का सबसे ख़ुश इन्सान किसी के लिए खाना ले आ रहा इन्सान होता है। यह भी किसी फ़िलॉसोफ़र ने कहा है क्या? वह सोचता है कि ऐसे इन्सानों पर जी जाना चाहिए। पर जीने कौन ही देता है किसी को।

वह सोचता है कि उसे रो पड़ना चाहिए। यह भी किसी फ़िलॉसोफ़र ने ही कहा था कि रोने से जी हल्का हो जाता है। पर रोने के लिए, और रोकर हल्का हो जाने के लिए रूह का पास होना ज़रूरी होता होगा न... उसने तो खो दिया था रूह को...

उन दिनों जाने क्यों वह भागता रहता था, मन और शरीर दोनों को पाँवों में बाँधे। अचानक से कानों में आवाज़ गूँजती कि 'अगला स्टेशन साकेत है', वह हड़बड़ी में उठता। उसे तो हौज़ खास उतरना था। घुटनों पर रखा फ़ोन भी जैसे अचानक से जाग जाता और छिटककर फिसलता हुआ किसी के पाँवों में जाकर उस पर हँसने लगता। उसे लगता था कि उसका इन्तज़ार करता होगा कोई। और उसने अपने सारे नोटिफ़िकेशन ऑफ़ कर दिये थे।

छलावों में जीने के अपने सुख हुआ करते हैं।

तब भी मार्च आता था। अख़बारों पर जार्ज बुश की बड़ी-बड़ी तस्वीरों के साथ इराक़ का नाम छपा रहता था। बच्चे रविवार को या तो किताबों में घुसे रहते या खँडहरों में नाक पर हाथ रखे चमगादड़ों को ढूँढ़ते थे। वह चुपचाप इन्तज़ार करता था बारह बज जाने का। वह टीवी को झाँकता रहता था। गाँव में कुछ ही घरों में टीवी था। पर रविवार को टीवी देखने वाला सिर्फ़ वही होता था। उन दिनों वह नई-नई दुल्हन बनकर आई थी। सब औरतें दोपहरों में ऊँघ रही होतीं या कहीं चौकियों पर मखौल कर रही होती। जब भी वह कमरे में आती, मुस्करा देती और आलों में से कुछ ढूँढ़कर चली जाती।

उस दोपहर जाने कौन-सी फ़िल्म आ रही थी। तेज़ हवा से एंटीना घूम गया था।

'आप टीवी देखते रहिए। मैं एंटीना ठीक करता हूँ। सही से आ जाये तो खिड़की से बता देना।'

'ठीक है। पीछे की तरफ़ जो पत्थर रखे हैं, उन्हें एंटीना से लगा देना। फिर वह हवा से हिलेगा नहीं।'

सेट करके वह वापिस चारपाई पर आकर बैठ गया। वह कुछ सी रही थीं और वहीं बैठकर टीवी देखने लगीं। जाने क्या बातें कर रही थीं। उन दिनों पत्रिका के साथ रविवारी अंक आता था, जिसमें कहानियाँ होती थीं। विज्ञापन आया तो वह उस पन्ने को टटोलने लगा। उन्होंने बालों में हाथ फेरकर कहा, 'तुम इतने चुप क्यों रहते हो?' उसने उन्हें देखा। हँसने लगा। 'मुझे पढ़ना नहीं आता। इसमें यह क्या लिखा है?' वह कहानी सुनाने लगा। उन्होंने खिड़की बंद करते हुए कहा, 'कितनी धूल आती है! देखो तो मेरी पीठ पर क्या चुभ रहा है?'

'कुछ भी नहीं है।'

'वहाँ डोरी के नीचे देखो...'

उसने डोरी के नीचे उँगली फिराई। उसे स्कूल के शैतान बच्चे याद आ गए जो मई तक का महीना गिनते हुए उँगली कर देते थे। डोरी में पतली-सी भुरट की सिळी लगी थी। निकालते हुए उसके मुँह से जाने क्यों जनवरी, फरवरी निकलने लगा। मई पर आते-आते उन्होंने छाती में भींच लिया। ढीली-सी टी-शर्ट खिसक कर उसकी बाँहों में झूल गई। उसने दाँत छाती के नीचे गड़ा दिये।

'कितने भोले बच्चे बनकर रहते हो...क्या कर रहे हो ये!'

उसने ओढ़ण खींचकर चेहरा छुपा लिया।

हवा खिड़कियों के सुराखों से टकराकर आलों में बिछे अख़बारों को बिखेर रही थी। टी-शर्ट ठीक करके वह भाग गया। यह गायों की रखवाली का वक़्त था।

बच्चों की गर्दनों पर मँड गए निशानों पर किसी की नज़र नहीं जाती थी। वह पीलू खाने ऊँची डालों पर लटकता था या चमगादड़ों को पकड़ते हुए खँडहरों में कई बार घिसट जाता था। उस नीले निशान पर किसी ने शक नहीं किया।

अब भी मार्च आने वाला है। अख़बार नहीं देखा उसने जाने कितने दिनों से। उसे रोते हुए देखकर किसी ने सलाह दी, 'तुमने कभी आँखों में आँखें डालकर कहा है।'

'नहीं, डर लगता है मुझे...'

वह कोई ख़ास दिन था। उसने सोच लिया था कि वह आज आँखों में देखेगा। वह नहीं देख पाया। नज़र फेरकर आसमान देखते हुए वह बोलता रहा और फिर रोने लगा। पता नहीं कब वह किसी के सामने ऐसे रोया था।

'मैंने कह दिया।'

'उसने क्या कहा।'

'वही जो हमेशा कहती है।' रोती-सी आवाज़ में उसने कहा—'ऐसा क्यों होता है मेरे साथ...'

'तुम रोमांटिक नहीं हो।'

वह हँसने लगी और ख़ामोश हो गई। यह सबकुछ शान्त होने का एक छोटा-सा पल था।

वह चेहरा देखती रही। बोली, 'केन वी किस्स?'

'नो', उसने कहा।

'वॉव, कंसेंट! शुक्रिया।'

और वह हँसने लगा—'इस मोहब्बत ने मुझे कितना पवित्र बना दिया है!'

'तो फिर चले क्यों नहीं जाते हो तुम टूर पर?' उसने आँख मारते हुए कहा। दोनों हँसने लगे।

और सारी कहानियाँ उसकी आँखों के आगे फिरने लगीं....जैसे किसी ने एंटीना घुमा दिया हो...सिग्नल साफ़ आने लगे थे...स्क्रीन पर नीले निशानों से भरी गर्दन और कन्धे चमक रहे थे...बचपन में कोई ऐसा हुआ होगा क्या!

वह डरने लगा था लोगों से, रोशनी से। वह चिल्लाने लगा ख़ाली कमरे में। 'मैं कहाँ जाऊँगा अगर हार गया तो। कोई घर चला जाएगा, कोई शहर चला जाएगा। मैं भी चला जाऊँगा कहीं-न-कहीं। कोई तो जगह होगी जहा मैं जा सकूँगा। खो जाऊँगा मैं एक दिन। दूर कहीं, बहुत दूर।'

वह बोलती रही, समझाती रही। उसे सिर्फ़ इतना सुनाई दिया, 'यह भी एक फ़ेज़ होता है, उम्र का फ़ेज़। निकल जाता है तो कुछ भी याद नहीं रहता'।

वह उठकर चला आया था। यह भी एक फ़ेज़ है, जिसे सिर्फ़ ख़ाली कमरे समझ सकते हैं।

तुम गाँव के सरकारी स्कूल में पढ़े हो, गाँव में रहे हो। अंग्रेज़ी में एक मेल तक नहीं लिख सकते। फिर तुम्हें ये टिंडर-विंडर कैसे समझ आ जाते हैं?

तुम शहर से हो ना? अंग्रेज़ी स्कूलों में पढ़ी। कार्टून चैनल्स और कम्प्यूटर गेम्स के साथ बड़ी हुई। फिर तुम्हें बंजारे, रेत पर सोते हुए चाँद-तारे देखना—यह सब कैसे समझ आ जाते हैं?

यह तो कोई जवाब नहीं हुआ। टिंडर और इसमें तो फ़र्क़ है न!

कुछ भी फ़र्क़ नहीं है। तुम भीड़ से उकता जाती हो, ट्रैफ़िक से चिढ़ जाती हो, तब बंजारों के साथ रेत में चाँद-तारे देखने की बातें करती हो। मैं जब आसपास के लोगों की बातों से उकता जाता हूँ, जब लगता है, मुझे आसपास के लोग समझ नहीं पा रहे तो टिंडर पर टहलने लगता हूँ। कई बार ऐसे अनजान लोग मिल जाते हैं, जिनसे बातें करना अच्छा लगता है। टिंडर पर होने का गाँव और शहर से क्या मतलब!

माफ़ करो बाबा, लाइटर दो। तुम कभी समझ नहीं आने वाले!

चाँद ने चुप्पियाँ ओढ़ी थीं और शाम ने रंग। छत पर बरगद रहता था और बरगद पर सफ़ेद गालों वाली बुलबुल। जो प्यार हो, उसके रहने भर से ज़िन्दगी मुहब्बत हो जाती है। उस शाम उसने क्या कहा था, किसी ब्लू या पर्पल शाम को सुनाऊँगा जब खिड़कियाँ नशे में लड़खड़ा रही होंगी।

वह दीवारों को खुरचता और उनमें जरबेरा के फूलों के बीज चिपका देता। उसे लगता है, दीवारों में भी उग आते होंगे फूल। उसे यह भी लगता कि शहर में लोगों से ज़्यादा जान पत्थरों और दीवारों में होती है। किसी भी जगह पर उसने सबसे ज़्यादा प्रेम रास्तों से किया। उन रास्तों से जिन पर चलते हुए उसे ख़ुद के होने का एहसास हुआ।

वे गर्मियों के जाने के दिन होते थे। गाँव हरे हो जाते और निगाहें आसमान में उग आतीं। उन दिनों एकाध हल्की बारिशें हो चुकी होतीं। खँडहरों की कँकरीली छतें हरी हो जातीं। मोगरे की हरी पत्तियों पर तिर आती थीं बूँदें। ये वही दिन थे जब वह सामाजिकी की किताब में 'सरस सलिल' छिपाकर पढ़ने लगा था और उसमें पढ़ी रंगीन कहानियों के हिस्से वह उस दो चोटियों वाली लड़की को खँडहरों में सुनाया करता। उसको कहानियाँ सुनना बहुत पसन्द था। सुनते हुए वह खिलखिलाकर हँसने लगती थी। वह उन खिलखिलाते होंठों को देखने लगता और चुप हो जाता।

उसने कहा, 'कल मैं तुम्हें एक किताब लाकर दूँगा, तुम छिपकर पढ़ना उसे'। लेकिन वह किसी भी कोर्स की किताब में छिपाकर दूसरी किताब नहीं पढ़ सकती थी। लड़के पकड़े जाते थे तो चेतावनियों-भरी डाँट खाकर बच जाते थे, लेकिन लड़कियाँ पिट जातीं और अगले दिन से उनका स्कूल जाना भी बन्द हो जाता था। जब दोपहर को खिड़कियों से छनकर आती धूप में खिलकर उनकी गर्दनों के निशान नीले हो जाते तो दोनों छत पर भाग जाते और मोगरे की जड़ें खोदकर उन जड़ों में उगे गेहूँ जितने छोटे-छोटे दाने खोजते।

उससे कोई पूछता है कि गाँवों में मोहब्बत कैसे होती है। वह सोचने लगता है, मोहब्बत कैसे होती होगी? वहाँ आक की झाड़ियाँ होती हैं और सीलन से भरी खँडहरों की दीवारें। उन दिनों उसे लगता था कि जब हम मोहब्बत में होते हैं, कहीं भी कुछ भी उगा सकते हैं।

और अब वह रात को नींद में भयावह सपने देखते हुए चिल्लाता है—*संघर्ष हमारा नारा है...*

वह सोचता है कि दुनिया की सारी प्रेमिकाएँ पागल होती हैं। वे ऊबड़-खाबड़ रास्तों पर चलते हुए प्रेमियों के हाथ कसकर पकड़ लेती होंगी। वे चौंककर उन्हें बाँहों में भर लेती होंगी और प्रेमी आँखों को टाइमलेप्स मोड पर डालकर चाँद को भागते हुए देखते रहते होंगे। चाँद जब डूब जाता तो उन्हें लगता होगा अब दुनिया के लिए वो ब्लर हो चुके हैं और चूम सकते हैं प्रेमिकाओं को।

उस शाम ठंड अपने कपड़े आसमान में टाँग चुकी थी। उसे लगा माथे पर पसीने की पतली-सी डोरी खिंच गई है। जब उसने पूछा कि तुम्हारे माथे पर पसीना क्यों आ रहा है तो वह हँसने लगा। जबकि उसे मालूम था कि उसके पाँवों की डोर सूरज से बँधी है। सूरज ढलते ही उसे चले जाना होता है अपनी दुनिया में। और यह पसीना उस डोर की खिंचावट का था।

उसे भी चले जाना चाहिए था सूरज ढलने से पहले ही। क्योंकि उसे जाना होता है अछोर शहर के किसी और छोर। जहाँ के रास्तों में भर जाता है साँझ ढलते ही डरावना अँधेरा। नशे में हर बार वह जाने क्यों

होठों को ताकने लगती। वह हँसकर कह देता—'यू नो कंसेंट'—और हँसने लगता।

उसने फिर वही बात कही, 'तुम क़तई रोमांटिक नहीं हो। इसीलिए वह लड़की तुमसे मोहब्बत नहीं करती है। तुम छोड़ दो यूँ फिरना।' उसे लगा, वह कह दे कि 'माथे पर लिखा है क्या'। पर वह यह बात हर किसी से कह नहीं सकता था।

उसने विदा लेते हुए हल्के-से कान को छूते हुए कहा, 'तुम्हें पता है, बंजारे श्रापित थे'। और उसने जाते हुए आज पहली बार गाली नहीं दी थी। क्योंकि वह भी जानती होगी श्रापित होने का अर्थ।

हम सब कुछ पी सकते थे। चाय, दारू, कॉफ़ी सब। 'कैसा हूँ न मैं'—यह बोलने के बाद मुँह जल जाता था। अच्छा हूँ न मैं—यह बोलते हुए वह हँसता था। गरम चीज़ें होंठों से लगतीं, तब भी। जिनको बोलना होता है वे या तो चुप रह जाते हैं या पत्थर हो जाते हैं। मुस्कराकर चले जाना सबको आता था। वह सोचता है कि ग़ुस्सा होना अंग्रेज़ी सीखने से भी मुश्किल काम है। ऐसे तो वह भूगोल में पहले बरस ही फ़ेल हो गया था, पर जानता है कि दो किनारे हैं। एक किनारे के पंछी जब अलग-अलग किनारों पर होते हैं तो वो ज़िन्दा रह पाते हैं क्या? इस सवाल का जवाब था कि पंछियों के दिल कैसे हैं। उसने छूकर देखा, उसका दिल बहुत कठोर था। तुम्हारे दिल में कुछ नहीं है, सिर्फ़ सिगरेट का धुआँ भरा है। यह किसी ने कहा है। तुम्हारे बालों का रंग उतर जाएगा एक दिन और धुएँ का क्या है, उड़ जाएगा जब आग छुएगी। जबकि जीना सबसे आसान काम था। उसने कहा कि मैं तुम्हारी बाँहों में गिरकर हँसना चाहता हूँ। पर बाँहों में गिरने के बाद तो सिर्फ़ रोया जा सकता है। यह गणित था और गणित में भी वह छठे दर्जे में फ़ेल हो गया था।

यह कोई समाचार नहीं था और कृपया इसे ही चिट्ठी समझें। अगर चिट्ठी को समझते हैं तो।

चिलम झाड़कर मुस्कराते हुए उसने बेंच के ऊपर धुंध से घिरी लैम्पपोस्ट की रोशनी देखकर कहा, 'पता है, चौथे रोज़ का चाँद भी ढाणी पर ऐसे ही मुस्कराता था।' पता नहीं क्यों, वह लौटने के लिए हाथ मिलाकर भी वहीं बैठे रह जाना चाहता था। उसे लगा, वह सवाल करे, पर सवालों के जवाब थे ही कहाँ! कोई खाप थोड़ी थी कि हर बात पर सवाल करेगी। वह ख़ुद को कोसता रहा सवालों के लिए। लौटते हुए उसे लगा, जिन बेड़ियों को उसने कटवाया था, वे फिर से उसके पैरों में बँधी हैं।

आसमान का नीलापन मर गया और चिलम के धुएँ का धूसर रंग नीले रंग के सफ़ेद चकत्तों पर से उड़कर जाने कहाँ घुल रहा था। वह देखना नहीं चाहता था, पर देख रहा था धुएँ से ऊपर धुंध में चमकते चाँद हुए जा रहे सूरज को। वह देख रहा था पैरों में खनकती बेड़ियों को।

बंजारों के देश में रेत पर पानी मँडता था और वे मर जाते थे प्यास से। जाने क्यों उन्हें पानी से नफ़रत थी और भागते रहते थे मरीचिकाओं के पीछे।

उसने एक पौधा रोपा। धूप और छाँव के बीचोबीच पत्थरों के एक घेरे में। हर शाम वहाँ पड़े टायरों पर झूलता वह देखता उसके बढ़ते पत्तों को। हथेलियाँ भर-भर कर पानी छिड़कता उन पर और हँसता रहता खिलते नन्हे पत्तों को देखकर। वहीं पर शाम में उस पौधे के पास रेत में पाँव घुसाकर आसमान में उगे पहले तारे को देखते हुए वह देखता रहता सपने। जब यह पेड़ बड़ा होगा तो वह हर शाम फूल चुनकर उसके बालों में लगाएगा। उस पेड़ के नीचे बनाएगा मिट्टी की एक चौकी जिस पर बैठकर गाँव की औरतें गाएँगी विदाई के गीत, जब वह शहर जा रहा होगा। शान्त दोपहरों में मनिहारिनों से जब चल रहा होगा मोलभाव कि 'अभी-अभी यह चूड़ियों की डिब्बी किनारे के घर वाली चाची ख़रीद लाई थी उसके बताए से बहुत कम रुपयों में', तब वह चुग्ग रहा होगा छाँव में कूदते हुए निम्बोलियाँ। शामों को जब भटककर कारवाँ छोड़ चुके जानवरों को खोजते हुए आएँगे ग्वाले तो वह उन्हें रोक लेगा चौकी पर चाय पिलाने को और फिर उनसे सुनेगा उनके देश की और उनकी यात्राओं की कहानियाँ। इस पेड़ की छाँव में उगी सारी कहानियों

को वह झोले में भरकर ले जाएगा अपने साथ और सुनाएगा बालों में फूल लगाते हुए। वह भी तो कह सकता है न कहानियाँ! चुपचाप सुनने वाली कहानियों के साथ-साथ खिलखिलाकर हँसाने वाली कहानियाँ। उस शहर के सुकून-भरे रास्तों पर हाथ पकड़कर चलते हुए कही जाने वाली कहानियाँ।

और अचानक वह जाग जाता सपने से जब बकरी का बच्चा आकर उसके पाँव को सहलाने लगता। बकरी के बच्चे को बाँह में डालकर वह दौड़ पड़ता झोंपड़ी की तरफ़। और फिर वह ऊँघ में किसी नाम को बुनते हुए, नींद वाले सपने देखने लगता।

किसी के होने से डरावने सपने डरकर भाग जाते हैं। होने के इसी सुख और इन सपनों के लिए ही तो विनोद कुमार शुक्ल ने ये शब्द बुने हैं—*सब कुछ होना बचा रहेगा।*

वह सोचता है कि उसको जादू आता तो दुनिया की सब समझदार व दिलकश लड़कियों को रेगिस्तान के उन टीलों के बीच ले जाकर बसा देता, जहाँ शामें उगती हैं। उस रेत में हाथ-भर की खुदाई पर फूट आता है मीठा पानी। उन जगहों पर प्रेमियों को लड़ना नहीं होगा साथ चलने के लिए, ख़ुद से या लोगों से। क्या ऐसी जगहें सिर्फ़ रेगिस्तान के उन टीलों के बीच ही हो सकती हैं! नहीं शायद। कई बार जगहें लोगों के होने से भी तो होती हैं।

होने से कितने रंग होते हैं। मार्च की दोपहरों में ख़ाली सड़कों पर ऊँघते पंछी हरे रह गए पत्तों के बीच चहचहा रहे हैं। सिगरेट की राख सूखे फूलों पर गिर रही है। मैं अभी सिर्फ़ यही देखना चाहता था। कितना ख़ूबसूरत है सब। जितने फूल हवा के झोंके के साथ उड़ जाते हैं उतने ही फिर से झड़कर आसपास बिखर जाते हैं। जैसे ख़ुशियों ने सन्तुलन साध लिया है। कम होने और फिर से भर जाने का संतुलन।

ख़ुश होने की रातों के सपनों में ऐसे ही तो रंग थे। बिना किसी डर के रंग। सिर्फ़ होने के रंग। हथेलियों और

बालों में भरे फूलों के रंग। जले हुए जंगलों के बीच साफ़ पगडंडियों के बीच दूर तक चलते जाने के रंग।

हवा जब चुप हो जाती है तो पंछियों और आत्माओं की साँसें सुनाई देती हैं। अधखुले पेड़ों से छनकर धूप गालों को थपथपा जाती है और छाँव हँसने लगती है। जाने किसके ख़ुश होने पर, मेरे या धूप के, या फिर रंगों के। सब कुछ कितना सुन्दर है! चहचहाते पंछियों की आवाज़ों और आसपास बिखरे फूलों के रंगों-सा सुन्दर...

यह उस तरह का दिन था ही नहीं। क्या उदासियों के रंग पर चढ़ सकते थे कोई और रंग! दिन के रात में बदल जाने जितना आसान था क्या मौसमों का बदल जाना! घने अँधेरे में बातें भुनभुनाती हुईं गुम हो जाती हैं, जाने कहाँ। यह डोरियों में लिपटी डायरी में दर्ज कोई रोज़नामचा नहीं है। न ही रास्तों पर गुनगुनाने से बचे रह गए कोई गीत हैं। ये आँखों से दिखीं और आँखों में छिपीं बातों के रेशे थे जो दिनों के गर्म होने और शामों के ठंडी होने के बीच बुने गए थे।

बातें बनाना कितना मुश्किल होता है। हँसाने से भी मुश्किल। ऐसी शामों में वह ख़्वाब देखता है स्टेंड अप कॉमेडियन हो जाने के। उसे लगता है, ब्लेक कॉमेडी सुनाना शायरी या कविता करने से बेहतर होता होगा। वह सोचता है कि दुनिया में उससे बेहतर कोई नहीं होगा। जैसे वह अलग हो। यह जानते हुए कि कोई सबसे ख़ूबसूरत या सबसे अलग नहीं होता। किसी के सबसे ख़ूबसूरत या अलग होने की बात कितनों से ही कही जा सकती है, पर ऐसे ब्लेक कॉमेडियन हो जाने के सपने हर किसी के लिए नहीं देखे जा सकते थे।

रेगिस्तान के किसी मैदानी रास्ते से गुज़रते हुए प्यासा हो जाने जैसे ख़्वाब थे ये। हाथों में हाथ होने, कन्धों पर सिर रख देने या गालों पर होंठ रख देने की क़ुर्बानियों के सपने थे। मरीचिकाओं के रास्ते पर मिट्टी के घड़ों में पानी भरकर चलने के ख़्वाब थे ये।

दोपहरों में पत्थरों की कुर्सियों पर उतरी छाँव में घुल आई सूखे फूलों की ख़ुशबू और डालों पर लटकती छोटी चिड़ियों के उड़ जाने की बातों से भरे जीवन के सिरहाने ऊँघती आत्माओं के गीत सुने होंगे किसी ने? अगर सुने हैं तो क्या वह समझ पाया होगा उन गीतों को। कभी ऐसा होगा कि सुबहें भी शामों से भरी होंगी। जिस डाक पेटी से भेजे जाएँगे, उसी डाक पेटी से रिसीव भी किए जाएँगे इंक पेन से भीगे ख़ूबसूरत पोस्टकार्ड। न रास्ते उबाऊ होंगे, न घर और न ही बातें उबाऊ होंगी। उन दिनों क़ुर्बान कर दी गई बातें काँधों पर चढ़कर नाचेंगी और उदासियाँ कर लेंगी मुस्कराहटों से समझौता। एक सन्तुलन स्थापित कर लेने वाला समझौता। उन दिनों उदासियों के धूसर रंग के किनारे बिखरे होंगे बोगनवेलिया के सारे रंग। और पेड़ों के बीच बनी पत्थर की किसी बेंच पर बिल्लियों को चिढ़ाते मुस्करा रहे होंगे वो।

लगता ही नहीं कि सालों से फिरा हुआ स्पर्श जैसे खो गया है! शहर इस तरह से कभी सुन्दर नहीं हुए थे। वह जो गाँव था उसकी तस्वीर हर बार नकार देती है शहर को, पर प्रेम में शहर एक अलग तस्वीर से दिखते हैं। उसी तस्वीर का इंटरप्रिटेशन कितनी ख़ूबसूरती से अलग हो जाता है इस बार। रेत पर जम गए ख़ून के थक्के दिखते नहीं। कैनवास पर केवल ख़ूबसूरती दिखती है लेकिन उस रेत पर उग आए अप्राकृतिक पेड़ों ने कितने अदीठ ख़ून किए। वही कि आँखें वो नहीं देखतीं जो देखना चाहिए।

सिर्फ़ दिखना-भर सुन्दर नहीं होता। होने की भी अपनी ख़ूबसूरती होती है और वह सुन्दरता जाने क्यों दिखती नहीं है!

उसने कभी, कुछ भी आते हुए देखा ही नहीं। वह निहारता रहा जाने को। जाते हुए चुपचाप देखना कितना कठिन होता होगा। उसकी आँखों में दूर जाते हुए लाल, सफ़ेद और नीले रंग फ़ेड होते गए और गहरी उसाँस के बाद उसने शब्दों को मुँह पर हाथ रखकर रोक लिया।

वह रास्तों पर चलते हुए जगहों के बारे में सोचता रहा। वह कभी मान ही नहीं सकता कि लोग सच में भोले नहीं होते होंगे। उसने ज़मीन पर तीन घेरे बनाए और उन्हें अलग-अलग रंगों के फूलों से भर दिया। और हवा सारे फूल उड़ा ले गई। वह हँसने लगा। उसे लगा कि सड़क के बीच सोये कुत्ते भी उस पर हँस रहे हैं। वह गार्ड कैसे अजीब तरीक़े से देख रहा था उसके आसपास! पता नहीं, किसे ढूँढ़ रहा था। वह रास्ते के मोड़ पर देखता रहा ख़ुद को जाते हुए, क्योंकि उसने कभी कुछ भी आते हुए देखा ही नहीं था।

उसने सबसे ज़्यादा मोहब्बत रास्तों से की। रास्तों का होना हमेशा बचा रहता है। सबकुछ बदल जाने के बाद भी।

पाँच क़दम चलकर मिलना भी अपने-आप में एक दुर्गम यात्रा है। आप बुन रहे होते हैं कई कहानियाँ, मिलने और न मिलने की।

मिलने के बाद रह जाती हैं देखने-भर को आँखें और सुनने-भर को बातें।

जो हिस्से छूट गए थे, उनके कोनों में दबी रह गईं जाने कितनी कहानियाँ! उन हिस्सों से गुज़रते हुए लगता, सीली दीवारें कुछ कह रही हैं। जैसे बता रही हों, आलों में मिट्टी के नीचे दबी रह गईं चिट्ठियों का पता। उन पर लिखे आखरों को पी गई मिट्टी। जो आखर बचे थे, वे थे, 'चले जाना कहीं भी, पर अपने अन्दर के उस कोने को बचाए रखना।' ज़िन्दा कोने जब अँधेरों से भर गए तो उन पर चिपक गए अपराधबोध के चमगादड़। जो जाती ट्रेनों को देखकर चूमते रहे पाँवों की छुअन।

परखना अपराध था, फिर भी उसने कोशिश की परखने की। इसलिए कि वह उन हिस्सों को बचाए रखे जो चिट्ठियों में मँडे थे। उसने जाने क्या ठानी थी! रस्सी पर नाचती लड़की की तरह सन्तुलन बनाकर खड़ा हो गया, गिरने की हद पर एक डोर बाँधकर, और यह खेल नहीं जीवन था...और जीवन की डोर पर सन्तुलन बनाने की कोई ट्रिक भी उसे मालूम नहीं थी!

उसने याद किया इश्क़ को, आँखों के मुस्कराने को और रातों के गुज़र जाने को। उसने उनींदी रातों को

दस ख़त लिखे। वे ख़त कहीं नहीं गए। कोनों में छोड़ दिये। जिन्हें देख मुस्कराती रही रेत। ग्यारहवीं बार उसने लिखी डायरी। डायरी के पन्नों पर चिपकाता गया ख़ुद को।

हर शाम डायरी में दर्ज करते हुए ख़ुद को उड़ेल देता आकरी और कड़वी शराब में। तली हुई ग्वारफलियों से दाब देता कड़वाहट को। कहता रोज़ कि उसे रेत से प्रेम है। हो भी क्यों नहीं। शाम तक जिस रेत पर पैर रखते ही छाले हो जाते वही रेत शाम ढलते ही इतनी ठंडी हो जाती कि बाँहों में भरकर ऊँघता रहता। ठंडक जैसे कोई आगोश हो। शहर के बीच किसी शान्त पहाड़ी पर सोये लोगों-सा आगोश। रात ऐसी जैसे वो शाम जिसने सिल्हूट उतारे। जिसने पढ़ी कविता जो हर रोज़ हँसाती है। वो गुलाबी शाम जो झरोखों के पार उतरी। कपड़े से गुँथी ठंडे पानी की बोतल से वह घूँट भरता और रोक लेता हिचकी। ऊँटों के कारवाँ को पानी पीकर तालाब से लौटते हुए बोरड़ियों के झुंड में खोने तक देखता रहता। वहाँ से उठकर ढलते सूरज को निहारती भेड़ों के झुंड के पास जाकर बैठ जाता और पूछता भेड़ों से 'प्रेम की परिभाषा पता है?'

ये सबके लिए एक-सा थोड़ी होता होगा। ये तो सब्जेक्टिव होता है ना? सारी चाहनाओं को तालाब के पानी में बहाकर तैरना ही प्रेम है ना? या हर बार सबकुछ छोड़कर पाळ पर लौट आना प्रेम है? भेड़ें टुकुर-टुकुर देखती रहतीं उसे। वैसे ही जैसे वो स्कूल

के दिनों में देखा करता था। तालाब के किनारे पानी में आधे तक डूबे एक बड़े पत्थर पर बैठकर वो पैरों को पानी में डुबो देता और गाने लगता—

कौन रे चितारे मुझको
आवे है हिचकी मुझको
उड़ ओ पंछी ले आ संदेशा
बिन संदेशे भी है मुझको अंदेशा।

बुलबुल तिल ढूँढ़ के दो ना...

बरसों के चले जाते क्रम में लौट आते हैं बीते हुए दिन। दिन जब लौटते हैं तो खोल देते हैं अधूरे छूट गए क़िस्सों के ड्राफ़्ट। वह ड्राफ़्ट जो जाने कितनी बातों को छुपाए बैठे हैं। जो किसी दिन हो जाते हैं शिकार नसों में ख़ून की जगह दौड़ती बेचैनी के। ब्लॉग पर बचे रह गए एकाध ख़ाली ड्राफ़्ट, जिनके सिर्फ़ टाइटल ही लिखे गए थे। एक टाइटल यह भी था—*बुलबुल तिल ढूँढ के दो न...*

बुलबुल को क्या पड़ी है कि वह तिल ढूँढ़ के दे!

यह उन बरसों में से किसी समय का टाइटल था जब वह अजीब-से सपने देखकर जाग जाता था। गड्डमड्ड सपनों में गूँजते थे नाम। दिखता था चमकता तिल और बरगद पर उड़ती एक सफ़ेद गालों वाली बुलबुल। एक दिन ऐसा आया कि वह जागा ही नहीं सपने से। और जब महीनों बाद जागा तो उसके पास नहीं बची थी नींद नाम की कोई चीज़। उसने लिखा, 'वह सोचता है कि जिस दिन रेगिस्तान से उसका प्यार

ग़लत साबित हो जाएगा उस दिन उसकी सचाई के सारे माले ध्वस्त हो जाएँगे। और सब मालों के नीचे दबी कराह रही होगी उसकी आत्मा। पर वह जानता है कि किसी भी क़ीमत पर उसकी आत्मा एवं रेगिस्तान के प्रति प्रेम झूठे नहीं हो सकते।'

उसे लगा, वही नाम गूँज रहा है उसके आसपास और किसी के दिखने से पहले अँधेरे में चमकने लगा एक तिल। सब कुछ भुलाता-सा तिल। वह देखता रहा घंटों तक। जैसे नशे में हो। उसे लगा कि उसने फूँक लिया है कुछ और धीरे-धीरे ख़ुद पर से क़ाबू खोता जा रहा है। उसी बरस रेगिस्तान में ख़ूब मेह बरसा। रेत के बीच जैसे तालाब उग आए बहुत सारे। पंछियों के टोले आते और गरदनें पानी में डुबाकर छईछप्पा खेलने लगते। वह पंछियों के साथ कूदता हुआ तालाब किनारे के पत्थर पर बैठ गया और पाँव को पानी में डुबाकर खड़ताल बजाने लगा। उसने देखा पास ही खेजड़ी पर फाख़्ता का जोड़ा हवा में नाचती सांगरियों के गुच्छों के बीच से टुकुर-टुकुर देख रहा है। देखना कितना सुखद होता है। चुपचाप देखना।

उस बरस के सब मौसमों में खिलते रहे फूल। हर मौसम कुछ-न-कुछ उगता रहा। उस बरस की सर्दियों में वह दही में चूरी-बाजरे की रोटी खाते हुए छाजड़े से साफ़ होते मूँगों को देखता रहता दोपहरों में। वह किताबों के बीच से मुस्कराते हुए झाँकता रहता बरगद को। बारिश के दिनों में उसने रेत में बोए बहुत सारे

सपनों के फूल। सर्दियों और गर्मियों में वह सींचता रहा उन सपनों के फूलों को। हर जगह वह उन सपनों के बीज दबाए रेत-सा था। शहर में होता तब भी और रेगिस्तान में होता तब भी। शहर में होते हुए भी रेत हो जाना, गर्मियों के मौसम में, गर्म हुए पत्थर के मकानों के, रात ढलने के बाद ठंडा हो जाने जितना ही मुश्किल था।

वह दोपहरों में बरगद और बुलबुल से बातें करता रहता। किताबें जो सवाल छोड़ देतीं, उनके जवाब बरगद से माँगता और सवाल सुनकर हँसती रहती बुलबुल। वह उसकी हँसी से चिढ़ जाता तो बजाने लगता खड़ताल। खड़ताल की आवाज़ के साथ झूमने लगता बरगद, पत्तों के बीच ठहर जाती बुलबुल। खड़ताल बजाते हुए हँसने लगता तो बदल जाता मौसम और होने लगती बारिश। बरगद के पत्तों पर ठहर गई पानी की बूँदों की ठंड से चुप होने लगती खिड़कियाँ। बुलबुल चोंच से पत्तों को झुमाकर बिखेर देती बूँदें। वह धूप में नहाई बरगद की टहनियों पर फेरता हाथ। बुलबुल उसकी अँगुलियों पर चोंच मारकर करने लगती अठखेलियाँ। वह जब हँसते हुए बरगद और बुलबुल से विदा ले रहा होता तो दोनों ख़ूब सारी दिखावटी बद्दुआएँ देने लगते। माँओं की-सी बद्दुआएँ, जिन्हें देने के बाद रोने लगती थीं वे...

मौसम फिर बदल जाते। स्टेशनों पर छूट रहे होते हाथ। शहर का हर चेहरा जैसे उसके अन्दर से खींचकर

निकाल लेना चाह रहा हो साँस। वह किसी पंख कटी फ़ाख़्ता-सा तड़पने लगता। पूछने लगता सवाल कि रेगिस्तान शहर में आकर रेत छोड़ देता है क्या? रेत के रहते रेगिस्तान कैसे झूठा हो सकता है! वह चिल्लाने लगता उनींदेपन में। फिर भाग आता उस जगह जहाँ पाँव डुबोए थे। पसीने से तरबतर वह तालाब की ओर देखता। खेजड़ी की सूखी झूलती टहनियों के आगे मैदान में पानी देखकर वह आँखें बन्द करके भागने लगता और छलाँग लगा देता पाँव डुबाने के लिए। घुटने छिल जाते सूखी मिट्टी में घिसकर। पतली धारों में घुटनों पर से ख़ून निकलने लगता। दूर-दूर तक कोई पंछी नहीं। वह पानी नहीं था, तपती दोपहरों की मृगमरीचिका थी। वह घुटनों के दर्द को दबाते हुए चिल्लाकर बरगद और बुलबुल से सवाल करने लगता। सूखकर सफ़ेद हो चुका बरगद और चुप्पी ओढ़े बैठी रोज़ गाने वाली बुलबुल से वह बेहोश-सा पूछता कि सबकुछ इस मृगमरीचिका जैसा ही है क्या? जवाब कुछ नहीं होता। दोनों कब के बेहोश हो चुके थे।

टूटते तारों को देखकर वह पागल होने लगता और उस तारे की तरह सबसे टूटकर दूर होने लगता, अपनी अलग दुनिया में जो कहीं तो ज़रूर थी। उन बदलते मौसमों के लिए उसने ख़ुद के लिए एक अलग दुनिया बना ली। कई मौसमों बाद जब फिर बारिश हुई तो उसने हरे हो गए बरगद पर बुलबुल को गाते हुए सुना। उन हरे पत्तों पर हाथ फिराते हुए उसने चुपके

से कहा—*बुलबुल तिल ढूँढ़ दो ना...*

और वहाँ बुलबुल नहीं, फ़ाख़्ताएँ थीं। फ़ाख़्ता ने कहा, तुम अब भी जीते हो सपनों की दुनिया में? उधर देखो, रेत की तरफ़। गिरे हुए पेड़ों के पास चमक रही थी बारिशों में धुल गई ऊँटों की हड्डियाँ। उसे लगा, चारों तरफ़ चमकने लगे हैं तिल। और उड़ती हुई आ रही है बुलबुल। हर बार तिल देखने के बाद वह घुटनों पर हाथ फेरता। उसे लगता कि ख़ून रिस रहा है। और वह फ़ाख़्ता के पंखों को चूमने लगता।

उसके दिमाग़ से निकाल दी गई हैं सारी स्मृतियाँ...

छूटी हुई कहानियाँ कभी ढंग से पूरी नहीं होतीं...